hänssler

VON FRAUEN FÜR FRAUEN

GIEN KARSSEN

Frauen begegnen Jesus

Gien Karssen lebt in Den Haag. Sie ist als leitende Mitarbeiterin der Navigatoren hauptsächlich in der Arbeit mit Frauen tätig.

Die Deutsche Bibliothek — CIP-Einheitsaufnahme

Karssen, Gien:
Frauen begegnen Jesus / Gien Karssen. [Übers. von Eva Weyandt]. —
Neuhausen/Stuttgart : Hänssler, 1996
(Von Frauen für Frauen)
Einheitssacht.: Jesus encounters with women <dt.>
ISBN 3-7751-2449-7

© Copyright 1987 by Gien Karssen
Published 1987 by NavPress, Colorado Springs, Colorado, USA
Originaltitel: Jesus Encounters With Women
Übersetzt von Eva Weyandt

hänssler — Von Frauen für Frauen
Bestell-Nr. 392.449

© Copyright der deutschen Ausgabe 1996 by Hänssler-Verlag,
Neuhausen/Stuttgart
Umschlaggestaltung: Stefanie Stegbauer
Titelillustration: aus Rien Poortvliet, »HIJ WAS EEN VAN ONS«
(Er war einer von uns) © Copyright 1986 Uitgeversmij. J.H. Kok B.V.,
Kampen, Holland.
Satz: AbSatz Ewert-Mohr, Klein Nordende
Printed in Germany

Ich widme dieses Buch allen
Männern und Frauen, die sich
in ihrer Partnerschaft nicht
von Traditionen oder stereotypen
Rollenverteilungen leiten lassen,
sondern dem Vorbild Jesu
Christi folgen wollen, diesem
Mann, der so ganz anders war.

Danksagung

Ich möchte meinen Freunden danken, die mir geholfen haben, dieses Buch zu verwirklichen: Nel Benschop, Frank und Nynke Dijkstra, Wil Doornenbal, Marieke Tichelman, Erik Venhuizen, George Winston, für das Lesen des Manuskripts und Betty Froisland, die es abgeschrieben hat.

INHALT

Vorwort

Vor etwa zweitausend Jahren besuchten einige Griechen das jüdische Passahfest in Jerusalem. Diese Männer schauten mir beim Schreiben dieses Buches sozusagen immer über die Schulter. Ihre Worte: »Wir möchten Jesus sehen« (Johannes 12,20) klangen in mir nach und verstärkten meinen Wunsch, mich selbst noch mehr mit Jesus zu beschäftigen, vor allem mit seinem Verhalten Frauen gegenüber. Ich fragte mich: »Wie begegnete Jesus Frauen?« Ich hatte den Eindruck, daß diese Frage, trotz der ständigen Diskussion um die Stellung der Frau, in unserer heutigen Zeit selten gestellt wird. Aber ich finde es wichtig, daß wir uns Gedanken darüber machen, wie Jesus über dieses Thema dachte.

Für mich war es bewegend zu sehen, wie Jesus den Frauen seiner Zeit begegnete, deren Stellung und Lebensweise sich doch stark von der heutigen Zeit unterschied. Ich begegnete einem Mann, der jede Frau ernst nahm. Er erkannte den Wert jeder Frau und ließ sie spüren, daß sie in seinen Augen wertvoll war. Niemals setzte er eine Frau dem Mann gegenüber zurück. Jesus bediente Frauen sogar, etwas in der damaligen Zeit absolut Neues.

Jesus hatte keine Vorurteile und legte auch keine unterschiedlichen Maßstäbe an. Er ließ sich nicht von traditionellen oder kulturellen Wertvorstellungen leiten.

Ich war beeindruckt davon, wie verständnis- und respektvoll Jesus sich Frauen gegenüber verhielt. Darum fühlten sich die Frauen in seiner Gegenwart auch so wohl.

Ich stellte fest, daß er zwar die Fehler der Frauen nicht übersah, aber er verdammte sie nicht, sondern gab ihnen neue Hoffnung für die Zukunft.

Die Geschichten in diesem Buch werden direkt, persönlich und dramatisch dargestellt. Sie erheben keinen Anspruch auf absolute theologische Exaktheit; vielmehr bleibt dem Leser die Freiheit, die Umstände dieser Begegnungen anders zu sehen. Das ist selbstverständlich möglich.

Mir wurde klar, daß Jesus sich in seinen Gedanken und seinem Verhalten radikal von den anderen Männern seiner Zeit unterschied. Von den Männern unserer heutigen Zeit erwartet er, daß sie in ihrer Einstellung Frauen gegenüber seinem Beispiel folgen. Seine Maßstäbe sind niemals altmodisch.

Männer und Frauen, die sich dieser Herausforderung in ihrer gegenseitigen Beziehung stellen, werden eine neue Dimension in ihr Leben bringen. Sie werden der Erfüllung von Gottes großem Plan mit seiner Schöpfung einen Schritt näher kommen. Und sie werden ein Segen für die Menschheit sein.

Er bietet einer Frau
seine Freundschaft an

»Jesus aber hatte Martha lieb und
ihre Schwester und Lazarus.«
Johannes 11,5 [1]

»Herr, wir wollen Jesus gerne sehen.« So lautete die
Bitte einiger Fremder an einen Jünger Jesu. Sie hatten in ihrem Land von Jesus gehört. Da sie nun in
Jerusalem waren, wollten sie sich die Gelegenheit
nicht entgehen lassen, ihn persönlich kennenzulernen. Kluge Leute waren das!

Zwei Frauen — Maria und Martha — und ihr Bruder Lazarus helfen uns, Jesus in besonderer Weise
kennenzulernen: »Jesus aber hatte Martha lieb und
ihre Schwester und Lazarus.«

Die Hauptaussage der Bibel ist, daß Gott jeden
Menschen lieb hat. Jesus kam auf diese Erde und gab
sein Leben, weil er jeden Menschen von Herzen liebt. [2]
Aber er hatte wie jeder Mensch das Bedürfnis nach
Freundschaft. Dieses Bedürfnis wird von diesen drei
Menschen in Bethanien gestillt. Jesus mißbilligt die
vorherrschende Meinung seiner Zeit, eine Freundschaft zwischen Männern und Frauen sei nicht möglich.

[1] Lesen Sie Lukas 10,38-42, Johannes 11 und Johannes 12,1-11.
[2] Johannes 3,16

Martha und Maria nehmen eine Sonderstellung im Leben Jesu ein. Diese gegenseitige Zuneigung ist nicht bedingt durch Dankbarkeit über die Heilung einer Krankheit oder die Vergebung von Sünden. Sie ist freiwillig und basiert auf gegenseitiger Sympathie und Freundschaft. So ist dieses Wort »liebhaben« im ursprünglichen Text zu verstehen.

Martha und Maria sind unabhängige Frauen, die einer Gruppe von Männern Gastfreundschaft anbieten. Sie bekennen sich offen zur Freundschaft mit einem Mann, der von vielen zurückgewiesen wurde.

Martha wird als erste erwähnt. Wahrscheinlich ist sie die Ältere. Sie ist die Gastgeberin in dem Haus, wo Jesus und seine Jünger zu jeder Zeit und auch unangemeldet willkommen sind. Jesus hat kein Heim, das er sein eigen nennen, wo er entspannen und sich zu Hause fühlen kann.[3] Dieses Haus in Bethanien ist der beste Ersatz dafür.

Der Mittlere Westen ist bekannt für seine Gastfreundschaft, doch was Jesus von Martha und Maria erwartet, kann nur guten Freunden zugemutet werden. Manchmal kommen die dreizehn Männer spät abends in Bethanien an (sie können vorher nicht anrufen). Nach einem ermüdenden Tag auf den staubigen Straßen brauchen sie eine Erfrischung. Betten müssen organisiert und Essen muß vorbereitet werden. Man kennt noch keine Kühlschränke oder Gefriertruhen. In Bethanien gibt es auch keinen Supermarkt. Die Lebensmittel werden in kleinen Geschäften

[3] Lukas 9,58

12

in Jerusalem eingekauft, etwa zwei Kilometer von Bethanien entfernt. Die Einkäufe müssen zu Fuß oder auf einem Esel nach Hause gebracht werden.

Jesus zögert nicht, ihnen diese Unannehmlichkeiten zuzumuten, obwohl er sonst sehr sensibel für die Bedürfnisse anderer ist. Sie sind doch seine Freunde, oder nicht? Freunde müssen einander helfen, auch wenn das Mehrarbeit oder Opfer mit sich bringt. Wen wundert's, daß Martha bei einer dieser Gelegenheiten ärgerlich wird. Maria läßt sich von den Worten Jesu so gefangennehmen, daß sie sich zu seinen Füßen niederläßt und ihm zuhört. Ihre Schwester muß die ganze Arbeit allein machen. Marthas Geduld ist zu Ende. »Herr, fragst du nicht danach, daß mich meine Schwester allein dienen läßt?« fragt sie ärgerlich.

Sicherlich verliert Martha einen Moment den Blick für das Wesentliche. Jesus muß sie korrigieren. Doch Marthas Reaktion ist auch ein Beweis von Freundschaft und Vertrauen. Jesus ist nicht nur ihr Gast, sondern auch ihr Freund, jemand, dem sie alles sagen kann, auch das, was sie ärgert.

Martha und Maria sind sehr verschieden. Martha ist aktiv und extrovertiert. Sie zeigt ihre Zuneigung, indem sie etwas tut. Maria ist introvertiert; sie möchte etwas lernen. Ihre geistliche und intuitive Lebensweise ist bemerkenswert. Aufgrund ihrer Unterschiedlichkeit kommt es zwischen den beiden Frauen oft zu Konflikten, noch viel mehr, weil sie Schwestern sind, und die Ältere versucht, die Jüngere zu dominieren.

Jesus empfindet für beide Frauen dieselbe Sympathie. Sie dürfen so sein, wie sie sind, wie Gott sie geschaffen hat. Jesus liebt sie beide, weil sie so sind, wie sie sind: die energische Martha genauso wie die nachdenkliche Maria. Es ist wichtig, auf das zu hören, was Jesus sagt, aber es ist auch wichtig, für Essen zu sorgen. Martha wird nicht korrigiert, weil sie diese Aufgabe wahrnimmt, sondern weil sie mehr tut, als vielleicht notwendig ist.

Martha nimmt die Zurechtweisung ernst, doch sie bringt sie nicht aus dem Gleichgewicht. Hier zeigt sich wieder ihre Charakterstärke. Sie dient dem Herrn und den anderen weiter mit ihren hauswirtschaftlichen Fähigkeiten. Das erwartet Jesus von ihr. Zuletzt hören wir von Martha, wie sie Jesus bei einem Abendessen bedient. Sie dient, während Maria ihre Zuneigung in der ihr eigenen Weise zeigt — diesmal ohne daß ihre Schwester sich darüber beklagt.

In der Zwischenzeit ist so vieles passiert. Lazarus wird ernstlich krank. Schnell wird eine Nachricht an Jesus geschickt: »Herr, siehe, der, den du lieb hast, liegt krank.« Es ist eine reine Feststellung, nicht einmal eine Bitte. Um Hilfe von dem großen Arzt zu erbitten, der schon zahllose Menschen geheilt hat, und der zudem noch ihr Freund ist, wäre jedes weitere Wort überflüssig gewesen.

Martha und Maria sind nur zu gern bereit, Jesus zu nötigen, an seine Freundschaft zu appellieren. Sie erwarten, daß Jesus unverzüglich kommt. Doch Jesus bleibt, wo er ist, in Perea. Als er schließlich eintrifft, ist Lazarus schon tot und beerdigt.

Während dieser Zeit vergießen Martha und Maria viele heiße Tränen — nicht nur, weil sie ihren einzigen Bruder verloren haben, sondern auch, weil sie enttäuscht sind, daß Jesus nicht sofort gekommen ist. Niemand fühlt sich verlorener als derjenige, der sich von Gott vergessen glaubt. Die Schwestern verdrängen die negativen Gedanken über ihren Herrn, aber sie lesen dieselben Gedanken in den Augen derjenigen, die ihnen ihre Anteilnahme ausdrücken. »Er tat die Augen des Blinden auf. Hätte er nicht auch verhindern können, daß Lazarus gestorben ist?«

Wie bei Hiob ist den Schwestern der Zweck des Leidens verborgen. Jesus ist nicht weggeblieben, weil er nicht besorgt gewesen wäre, sondern weil er Gott, seinem Vater gehorsam war. Durch dieses Leid will Gott seinen Sohn verherrlichen und bewirken, daß die Menschen an ihn glauben.

Die Freude, die ihnen bevorsteht, wird ihre Trauer mehr als gutmachen. Die Auferstehung des Lazarus von den Toten ist ein viel größeres Wunder, als wenn Jesus ihn nur geheilt hätte. Lazarus war nicht gerade gestorben (wie die Tochter des Jairus) und wurde auch nicht gerade zu Grabe getragen (wie der Sohn der Witwe aus Nain). Daher ist seine Auferstehung einzigartig.[4] Bei Lazarus hatte die Verwesung bereits eingesetzt!

Als Martha hört, daß Jesus unterwegs ist, bleibt sie nicht zu Hause und schmollt über die offensichtliche Vernachlässigung. Ihr Tatendrang bleibt sich selbst treu. Sie geht Jesus entgegen.

»Wenn du hier gewesen wärst, wäre mein Bruder nicht gestorben.« Vorwurf liegt in ihrer Stimme; doch wieder wagt sie es, Jesus offen zu sagen, was sie

[4] Siehe Kapitel 5 und 8.

denkt. Ihre Freundschaft kann auch einen Vorwurf aushalten. Aber sie hat auch Glauben: »Auch jetzt weiß ich: Was du bittest von Gott, das wird Gott dir geben.«

Einer Frau, einer Samariterin, erzählt Jesus, wer er ist: der Messias, der Retter der Welt. Hier erläutert er Martha (wieder einer Frau) zwei andere Aspekte seiner Identität: »Ich bin die Auferstehung und das Leben.« Für die Gläubigen bedeutet das die Gewißheit eines ewigen Lebens nach dem Tode. »Wer an mich glaubt, der wird leben, auch wenn er stirbt, und wer da lebt und glaubt an mich, der wird nimmermehr sterben.«

Die meisten Menschen haben Angst vor dem Tod. Jesus aber erklärt, daß der Tod umgewandelt worden ist von einer »geschlossenen Tür in eine Tür, die sich jedem öffnet, der anklopft«.[5]

»Ich bin die Auferstehung und das Leben. Wer an mich glaubt, der wird leben.« Diese Worte, die seit zweitausend Jahren bei Beerdigungen vielen Menschen Trost und eine Perspektive gegeben haben, und die immer noch auf Todesanzeigen erscheinen, wurden Martha gesagt. Nur wenige Worte haben Trauernde mehr ermutigt.

Wieder spricht Jesus mit einer Frau darüber, wer er ist. Bemerkenswert, daß diese Frau ausgerechnet die häusliche, energische Martha ist, und nicht die scheinbar geistlichere Maria. Welch eine Ermutigung für Frauen, die, wenn sie sich mit den beiden Schwestern vergleichen, eher der Martha ähneln, obwohl sie

[5] Malcolm Muggeridge, *Jesus,* Ambobooks / Baarn, 1976, Seite 97.

lieber wie Maria wären! Wieder ist Jesus derjenige, der anders reagiert, der nicht in Klischees denkt, sondern mit dem Herzen urteilt.

Nicht, daß Martha alles sofort klar gewesen wäre. Die Vorgänge waren zu überwältigend und weitreichend, als daß sie sofort hätten verstanden werden können. Diese Begriffsstutzigkeit umrahmt die Auferstehung des Lazarus.

Allmählich dämmert es Martha, daß Jesus sich mit ihrem Schmerz identifiziert, daß der Tod seines Freundes auch ihn wütend und zugleich traurig macht, daß er eine heilige Empörung über die Macht der Sünde verspürt, die die Hauptursache für den Tod ist.

Jesus hat seine Freunde in ihrer Not nicht vergessen. Ganz im Gegenteil. Indem er zu ihnen gekommen ist, bringt er sein eigenes Leben in Gefahr. Die Umgebung von Jerusalem ist so gefährlich für ihn, daß es ihn große Mühe kostet, seine Jünger dazu zu bringen, ihn zu begleiten. Sie warnen ihn eindringlich: Eine Reise nach Jerusalem könnte den Tod für sie bedeuten.

Die Auferstehung des Lazarus bewirkt, daß viele Menschen zum Glauben an Jesus kommen. Nicht, daß ein Mensch vom physischen Tod ins Leben zurückkehrt, ist die größte Auswirkung dieses Wunders, sondern daß viele Menschen das neue und ewige Leben bekommen. Wie Jesus vorausgesagt hat, wird Gott dadurch die Ehre gegeben. Darum mußte dies alles so geschehen.

Andere sind über die Vorgänge so verbittert, daß sie Schritte unternehmen, Jesus zu töten. Während der kurzen Zeit bis zu seinem Tod ist er praktisch seiner Freiheit beraubt. Er reist mit seinen Freunden zu einem Gebiet in der Nähe der Wüste. Auch das ist ein Preis, den Jesus für seine Freundschaft bezahlt.

Oft denken wir, Gott müßte die Menschen, die ihn lieb haben, vor Leid bewahren. Aber das stimmt nicht. Selbst seine Freunde müssen durch tiefes Leid gehen. Und wenn sie ihm treu bleiben, belohnt er sie in jeder Beziehung reichlich. Sie bekommen mehr als sie erwarten konnten!

Fragen zum persönlichen Studium oder in einer Gruppe

1. »Was verbinden Sie mit dem Begriff *Freundschaft*?« Bei der Beantwortung dieser Frage haben mehr als hundert Männer und Frauen die folgenden Begriffe in der folgenden Reihenfolge genannt: Angenommensein, Ehrlichkeit, Verläßlichkeit, Offenheit, sich entspannt fühlen. Würden Sie dieselbe Liste erstellen?

2. Sind diese Merkmale in der Beziehung zwischen Jesus und Martha sichtbar?

3. Welche bemerkenswerten Tatsachen lesen wir über Abraham und Mose (2. Mose 33,11; Jakobus 2,23)? Was fällt Ihnen dabei auf?

4. In Johannes 15,13-15 erwähnt Jesus das Wort »Freunde« dreimal. Wie beweist er seine Freundschaft? Was erwartet er von seinen Jüngern?

5. Was sagt Jesus in dem Gleichnis in Lukas 11,5-8 über Freundschaft?

6. Jesus hat seine Freundschaft nicht auf Menschen einer bestimmten Gruppe oder sozialen Klasse beschränkt. Wie können Sie sein Verhalten auf Ihr alltägliches Leben übertragen?

7. Wie erfahren Sie Freundschaft in Ihrer Beziehung zu Gott und zu den Menschen in Ihrer Umgebung?

Er stellt sich auf die Seite einer Frau

»Wahrlich, ich sage euch:
Wo das Evangelium gepredigt wird
in aller Welt, da wird man auch das sagen
zu ihrem Gedächtnis,
was sie jetzt getan hat.«
Markus 14,9[1]

Nur wenige ihrer Worte sind uns erhalten geblieben. Und doch ist sie eine der bekanntesten Frauen in der Geschichte des Christentums. Maria von Bethanien ist nicht durch überragende Worte bekannt geworden, sondern durch ihre Gott wohlgefällige Verhaltensweise und ihren warmherzigen Charakter. In der Lebensgemeinschaft mit ihrer Schwester Martha und ihrem Bruder Lazarus nimmt sie eine besondere Stellung ein.

Im Vergleich zu der geschäftigen, praktischen Martha wirkt Maria zunächst phlegmatisch. Aber der erste Eindruck täuscht. Durch die alte Überlieferung ist man den beiden Schwestern gegenüber voreingenommen. Wenn wir uns etwas eingehender mit Maria beschäftigen, stellen wir fest, daß sie gar nicht die passive Frau ist, für die viele Menschen sie halten. Auf

[1] Lesen Sie Markus 14,3, Lukas 10,38-42, Johannes 11 und Johannes 12,1-8.

ihre Art ist sie eine Radikale — jemand, der weiß was er will, und der nicht immer gut bei anderen ankommt.

Maria versteht Jesus wahrscheinlich besser als irgend jemand sonst. Die wiederholten Besuche Jesu und seiner Jünger, oftmals sogar über Nacht, beweisen das.

Wir begegnen Maria dreimal in der Bibel. Das erste Mal, als Jesus ihnen einen unerwarteten Besuch abstattet. Lukas berichtet ausführlich über diese Begebenheit und stellt die scheinbar häuslich-aktive der passiv-kontemplativen Schwester gegenüber.

Ein flüchtiger Blick auf Lukas 10,40 vermittelt den Eindruck, daß Maria bei dieser Gelegenheit ihre Pflichten vernachlässigt. Das ärgert Martha. Befaßt man sich jedoch etwas genauer mit dem Text, stellt man fest, daß Maria zuerst ihre Pflichten erledigt, um sich dann mit den Jüngern Jesus zu Füßen zu setzen. (Vielleicht ist sie auch der Meinung, daß Martha sich zu viel Arbeit macht?) Was Maria tut, ist auf jeden Fall sehr mutig.

In der damaligen jüdischen Kultur gehören die Frauen in die Küche. Sie sind nur für die Abläufe im Haus verantwortlich. In dieser Beziehung erfüllt Martha alle Erwartungen, die an sie gestellt werden. Aber eine Frau, die sich mit Männern zu den Füßen eines Rabbis setzt, ist etwas noch nie Dagewesenes. Nur Jungen wurden im Gesetz unterrichtet. Für Mädchen gehörte sich das nicht. Frauen im Gesetz zu unterweisen, ist, nach der Meinung der Rabbis, »Perlen vor die Säue werfen«. Im Talmud wird unter den Plagen dieser Welt u. a. aufgelistet: »eine Jungfrau, die ihre Zeit mit Gebet vergeudet.«[2] Die religiösen Führer Israels hielten die Frauen bewußt unwissend und beschnitten so ihre geistliche Entwicklung. Nach der Meinung der meisten Rabbis hatten die Frauen noch nicht einmal genügend Verstand, diese Dinge zu begreifen.

Maria weiß das alles. Sie weiß auch, daß sie, eine Frau, ein geistliches Wesen ist, die, wie ein Mann, nicht nur von Brot leben kann. Darum ergreift sie diese ungewöhnliche Initiative und setzt sich mit den Männern zu Jesu Füßen. Jesu Gegenwart befreit sie von dem Gefühl der Schuld, daß sie sich für etwas anderes als die typisch weiblichen Angelegenheiten interessiert. In unserer heutigen Zeit wird man ihr Verhalten für progressiv, emanzipiert und anmaßend halten. Ohne es bewußt zu wollen, wird Maria zu einem Pionier. Sie ist eine Frau, die Hunger nach Gott verspürt, jemand, der keine Gelegenheit versäumen will, von ihm zu hören.

Maria kennt Jesus. Er macht ihr keine Vorwürfe, weil sie die vorherrschende Rollenverteilung ignoriert; vielmehr verteidigt er sie vor ihrer Schwester Martha. Er reagiert sogar mit mehr Toleranz, als sie möglicherweise erwartet hat und lobt sie. »Maria hat das gute Teil erwählt; das soll nicht von ihr genommen werden.« Was seine Jünger dazu sagen, wird nicht erwähnt.

Nach dem Tod des Lazarus zeigen sich die unterschiedlichen Charaktere der Schwestern in der Art, wie sie auf Leid reagieren. Maria scheint gelähmt zu

---

[2] William Barclay, Auslegung des Neuen Testaments, »Korintherbrief«, 1991, S. 136.

sein; Martha dagegen bleibt aktiv. Jesus geht auf jede der Frauen entsprechend ihrer Persönlichkeit ein. Martha wird die unglaubliche Ehre zuteil, daß Jesus ihr Einblick gewährt in Dinge, die er bisher noch niemandem offenbart hat, und über Marias Traurigkeit ist Jesus zu Tränen gerührt.

Niemand bemerkt, daß Martha Jesus entgegengeht. Als Oberhaupt der Familie ist ihr wahrscheinlich Jesu Ankunft mitgeteilt worden. Vielleicht ist sie gerade in der Küche und bereitet Erfrischungen für die vielen Leute vor, die kommen, um ihr Beileid auszudrücken.

Marias Trauer ruft Reaktionen bei den anderen hervor. Die Leute haben den Wunsch, sie zu trösten. Maria geht hinaus. Die Leute erwarten, daß sie zum Grab geht, um zu weinen. Sie folgen ihr.

Als Maria Jesus begegnet, sagt sie genau das, was Martha schon vorher gesagt hat: »Herr, wärst du hier gewesen, mein Bruder wäre nicht gestorben.« Wahrscheinlich haben sich die Schwestern das in den vergangenen Tagen immer wieder gesagt. Das schreckliche Geschehen scheint Jesus in diesem Augenblick erst voll zu Bewußtsein zu kommen. Er empfindet die Schrecklichkeit des Todes durch den Verlust eines seiner wirklich guten Freunde. Er empfindet den Schmerz der Schwestern mit, die nicht nur ihren Bruder, sondern auch den Mann im Hause verloren haben.

Vielleicht wird Jesus auch klar, daß seine Freunde von ihm enttäuscht sind. Er hat ihre Erwartungen an ihn nicht erfüllt. Das ist hart für den Mann, der sein Leben für seine Freunde und seine Feinde geben will. Er muß seine Verspätung erklären.

Jesus ist kein Stoiker. Er denkt nicht: »Männer weinen nicht.« Zusammen mit Maria und vor vielen Trauergästen zeigt er offen seine Gefühle und weint.

Die letzte Begegnung zwischen Jesus und Maria findet kurz vor seinem Tod statt. Die Schwestern erwarten Jesus als Ehrengast zum Abendessen. An diesem Abend nimmt er Abschied von ihnen. Maria ist die einzige, die eine Vorahnung von dem hat, was geschehen wird.

Die Familie ist finanziell gut gestellt. Das große Haus, das so viele Gäste beherbergen kann, und die ausgezeichnete Bewirtung sind ein Beweis dafür. Die Schwestern sind bei den Juden in Jerusalem sehr angesehen. Anscheinend gehören sie zur höheren Gesellschaft.

Doch Jesus sucht sich seine Leute nicht nach ihrem Einfluß oder ihrem Reichtum aus. Er teilt nicht in gesellschaftliche Klassen ein, sondern ist ein Freund der Armen — das beweist er zur Genüge. Aber er schließt auch die Reichen nicht aus. Hier in Bethanien leben die sozial Bessergestellten, die ihn unterstützen, damit er den Armen helfen kann.

Das erklärt auch die kostbare Salbe, die Maria gekauft hat. Das Geld, das sie dafür ausgab hat — der Jahreslohn eines Arbeiters — hätte fünftausend Menschen ein Jahr lang ernähren können![3] Doch die Gastfreundlichkeit dieses Hauses in Bethanien zeigt, daß es den Armen in ihrer Umgebung an nichts mangelt. Sie erfüllen das Gesetz, das von ihnen erwartet, den Armen reichlich und gern zu geben. Gott hat zugelas-

---

[3] vgl. Johannes 6,5-10

sen, daß es Arme in Israel gibt, um die Großzügigkeit der Reichen auf die Probe zu stellen. Vielleicht war Maria und ihre Familie nur deshalb mit irdischen Gütern gesegnet, weil sie dieses Gebot gehalten haben, wie Gott sein Versprechen gehalten und sie gesegnet hat.[4]

Doch heute ist noch etwas anderes im Gange. Maria spürt intuitiv, daß sie keine Gelegenheit mehr bekommen wird, etwas für Jesus zu tun. Deshalb gibt sie sich ihrem Impuls hin. Sie weiß, daß eine Unterlassung nicht mehr wiedergutgemacht werden könnte.

Maria ist nicht verheiratet und hat kein Kind, das sie dem Herrn weihen könnte wie Hanna und Elisabeth. Aber sie hat Geld. Deshalb gibt sie eine so große Summe für ihn aus. Liebe sucht nicht nach Entschuldigungen, etwas nicht geben zu müssen. Liebe denkt auch nicht materialistisch. Liebe ist kreativ; sie sucht einen Weg, sich auszudrücken. Jesus sagt ganz richtig, daß sie tut, was sie kann. Mehr erwartet er gar nicht; aber weniger wäre eine Beleidigung gewesen.

Bei seiner Geburt huldigt ein reicher Mann aus dem Osten Jesus mit Myrrhe. Jetzt, am Ende seines Lebens, ehrt Maria ihn mit einer kostbaren Salbe, ein Tribut, der eines Königs würdig ist. Später balsamiert sie damit Jesu Leichnam ein.

Wenn damals in Israel ein Gast das Haus betrat, wurden immer einige Tropfen Parfüm auf seine Stirn gestrichen. Maria gießt ein ganzes Fläschchen über ihm aus. Sie leert das Gefäß nicht tropfenweise, wie es bei Parfüm üblich ist, sondern zerbricht das Gefäß

---

[4] 5. Mose 15,10-11

und gießt alles über Jesu Haupt aus. In dem zerbrochenen Gefäß erkennt Jesus ohne Zweifel ein Symbol für den Tod. Bei den Juden war es üblich, das zerbrochene Gefäß mit dem Leichnam zu bestatten. »Sie hat meinen Leib im voraus gesalbt für mein Begräbnis.«

Maria ist von ihrem Herrn fasziniert. Sie vergißt, daß eine ehrbare Frau ihr Haar in Gesellschaft anderer aufgesteckt trägt. Doch in Jesu Gegenwart denkt niemand an solche Nebensächlichkeiten. Sie gießt das Öl über Jesu Haupt aus, so daß es zu seinen Füßen tropft. Dann trocknet sie seine Füße mit ihren offenen Haaren.

Der Duft durchzieht das ganze Haus. Er hängt in Jesu Haaren und in seinen Kleidern. Einige Tage später nehmen die Römer den Duft mit nach Hause, als sie seine Kleider unter sich aufteilen. Am Kreuz erinnert der Duft in seinen Haaren Jesus an das, was Maria für ihn getan hat. Nur wenig anderes belebt so die Erinnerung wie ein Duft. Auch Maria wird noch lange durch den süßen Duft ihrer Haare an jenen letzten Besuch erinnert.

Dieser Duft ist auch nach zweitausend Jahren noch nicht verblaßt. Jedesmal, wenn neue Bibeln übersetzt oder gedruckt werden, erfüllen sich Jesu Worte: »Wahrlich, ich sage euch: Wo das Evangelium gepredigt wird in aller Welt, da wird man auch das sagen zu ihrem Gedächtnis, was sie jetzt getan hat.«

Es ist schade, daß eine der schönsten Begebenheiten in Jesu Leben durch Kritik besudelt wird. Judas, der Schatzmeister der Gruppe, läßt sich diese Gelegenheit nicht entgehen, Maria in Mißkredit zu bringen. Er beschuldigt sie, Geld verschwendet zu haben. Seiner Meinung nach hätte man das Geld für das Öl besser den Armen gegeben. Eine seltsame Reaktion für einen Jünger, der drei Jahre lang mit Jesus unterwegs war. In seinen Augen ist es Verschwendung, so viel Geld aus Liebe zu Jesus auszugeben. Kurz darauf verrät er Jesus für eine Handvoll Silberlinge.

Noch schmerzlicher als die Kritik des Judas ist die Reaktion der anderen Jünger. Auch ihnen mißfällt, wie Maria ihr Geld ausgegeben hat. Diese Männer haben regelmäßig ihre Gastfreundschaft in Anspruch genommen. Oft haben sie an ihrem Tisch gesessen. Aber niemals haben sie protestiert, wenn sie königlich bewirtet wurden. Bei diesen Gelegenheiten sprach niemand von den Armen.

Jesus hat eine hohe Meinung von Maria. Er verteidigt sie und lobt ihr Verlangen, mehr von ihm zu lernen. Die Jünger haben mitbekommen, wie er bei dem Tod des Lazarus mit ihr leidet. Aber das hat jetzt alles kein Gewicht. Sie haben aus der Erfahrung nicht gelernt und verstehen immer noch nicht, wie Jesus Frauen gegenüber eingestellt ist.

Der sensiblen Maria tut die Kritik weh — auch um Jesu willen. Sie verteidigt sich nicht. Jesus ergreift ihre Partei für sie. Wieder einmal! Mit dem Duft des Öls in ihrem Haar ist dies die letzte Erinnerung an ihren Herrn.

Fragen zum persönlichen Studium
oder in einer Gruppe

1. Maria wird kritisiert wegen der Form, wie sie ihren Glauben auslebt, sogar von den sogenannten »religiösen« Leuten. Was kann ein Mensch, der Jesus nachfolgt, von einer ungläubigen Welt erwarten (Johannes 15,18-21;16,33)?

2. Welche Erfahrungen hat Jesus in dieser Beziehung gemacht, und wie kann uns das anregen und ermutigen (Matthäus 16,21; Hebräer 12,3)?

3. Lesen Sie Hebräer 4,15-16 und 5,8. Fassen Sie Ihre Gedanken aufgrund dieser Verse zusammen.

4. Welche Ermutigung gibt uns Jesaja 63,9?

5. Lesen Sie Markus 14,9 und beschreiben Sie mögliche Auswirkungen von Feindschaft in unserem Leben. In welcher Beziehung steht dieser Vers zu Römer 8,28?

Er macht sich verletzlich

> »Da kommt eine Frau aus Samarien,
> um Wasser zu schöpfen.
> Jesus spricht zu ihr: Gib mir zu trinken.«
> *Johannes 4,7* [1]

Mehr als alles andere braucht Jesus Ruhe. Er und seine Jünger haben eine lange Reise hinter sich. Um die Mittagszeit ist es sehr heiß. Jesus begleitet seine Jünger nicht in die Stadt Sychar, um Lebensmittel zu kaufen, sondern setzt sich an den Brunnen auf dem Feld.

Kaum hat er sich niedergelassen, kommt eine Frau aus der Stadt, um Wasser zu holen. Seltsam. In der Stadt gibt es doch auch einen Brunnen... Diese Frau jedoch geht ihren Mitbürgern aus dem Weg; darum holt sie ihre Tagesration an Wasser außerhalb der Stadt und zu einer Zeit, in der alle vernünftigen Menschen unnötige Anstrengungen vermeiden. Gewöhnlich schöpfen die Frauen am frühen Abend Wasser, wenn es kühler ist.

Jesus hätte alle möglichen Gründe gehabt, sie nicht zu beachten. Kein Rabbi spricht öffentlich mit einer Frau. Das ist unter der Würde eines Lehrers. Außerdem verachten die Juden die Samariter. Sie haben nicht vergessen, daß sich die Samariter an die

---

[1] Lesen Sie Johannes 4,1-26.

Nichtjuden angepaßt, und somit die Reinheit der jüdischen Rasse aufgegeben haben. Die Juden nehmen die Samariter nicht ernst und meiden, wenn eben möglich, jeglichen Kontakt mit ihnen. Ein Jude, der von Judäa nach Galiläa reist oder umgekehrt, nimmt gern den Umweg durch das Land östlich des Jordans in Kauf. Dieser Weg ist doppelt so lang wie der Weg durch Samarien.

Jesus ist nicht überrascht, diese Frau zu so ungewöhnlicher Stunde zu treffen. Obwohl er sich in diesem Moment lieber ausgeruht hätte, als sich in der sengenden Mittagshitze mit einer Frau zu unterhalten, bittet er diese um einen Schluck Wasser. Das ist eine bemerkenswerte Bitte, denn Juden und Samariter halten ihre Trinkgefäße streng getrennt. Den meisten Juden käme es niemals in den Sinn, aus einem Gefäß zu trinken, das ein Samariter berührt hat. Jesus bräuchte zum Trinken auch keine menschliche Hilfe, denn er hat ja Millionen von Engeln zu seiner Verfügung. Und so, wie er erst kurz zuvor Wasser in Wein verwandelt hat, könnte er sich auch jetzt nur allzu leicht Wasser beschaffen. Doch Jesus liegen persönliche Interessen sehr fern; er macht sich auch keine Gedanken um seinen Ruf, schon gar nicht, wenn er einen Menschen in Not sieht. Für diese Menschen ist er in die Welt gekommen. Und das ist hier der Fall. Aus dem Text geht nicht hervor, ob er das Wasser bekommt, um das er gebeten hat.

Andere uns überlieferte Gespräche mit Frauen finden entweder in einem intimeren Kreis oder in einer Menge statt. Diese Unterhaltung wird ganz öffentlich an einem Brunnen geführt, einem Ort, an dem sich die Leute treffen. Jeder Vorübergehende kann sehen, daß Jesus mit dieser Frau spricht. Um ihretwillen macht er sich in jeder nur denkbaren Form verletzlich.

Diese Unterhaltung Jesu mit der Frau ist die längste uns überlieferte. Und trotzdem ist der Bericht nur eine verkürzte Wiedergabe dessen, was gesagt worden ist. Barclay vergleicht sie mit einem Sitzungsprotokoll: Nur das Wichtigste wird erwähnt.

Die Atmosphäre ist bemerkenswert. Nichts deutet darauf hin, daß Jesus der Frau mit weniger Respekt begegnet als Nikodemus, einem ehrbaren Pharisäer, den er früher kennengelernt hat. Bei dieser Begegnung spüren wir sein persönliches Interesse und seine Wärme, die bei der Unterhaltung mit Nikodemus fehlt. Jesus nimmt die Frau ernst und bewahrt ihr ihre menschliche Würde.

Die Frau zeigt keine Hemmungen. Dieses ungewöhnliche Treffen bringt sie nicht aus der Fassung. Sie scheint sich wohlzufühlen und antwortet ernst und offen. Hier ist ein Mann, der sie nicht nur als Frau, sondern als Persönlichkeit behandelt. Er begegnet ihr nicht mit der gewöhnlichen Herablassung, die die Männer sonst ihr gegenüber an den Tag legen. Bei diesem Mann spürt sie keinen Hochmut und keine Kritik, das entwaffnet sie.

Und dennoch bleibt sie wachsam. Als sie auf Jesu Bitte um Wasser antwortet, liegt Argwohn, vielleicht auch Neugier in ihrer Stimme. Wie kommt es, daß ein Jude, und noch dazu ein Mann, eine samaritische Frau um einen Gefallen bittet?

Diese Frage nach ihren gesellschaftlichen und

religiösen Unterschieden beantwortet Jesus nicht. Er ist nicht gekommen, um Vorurteile zu verstärken, sondern zu beseitigen. Die Frau denkt an das, was trennt, Jesus an das, was verbindet.

Vorsichtig bringt Jesus das Gespräch auf geistliche Dinge. Er wird sehr konkret und persönlich, als er sagt: »Wenn du erkenntest die Gabe Gottes und wer der ist, der zu dir sagt: Gib mir zu trinken!, du bätest ihn, und er gäbe dir lebendiges Wasser.«

Lebendiges Wasser erinnert die Juden an Durst nach Gott. Die Quelle lebendigen Wassers ist nach ihrem Propheten Jeremia Gott selbst.[2] Hatte David nicht gesagt: »Denn bei dir ist die Quelle des Lebens«?[3] Die Juden wußten aus den Schriften, daß eine Seele, die nach Gott dürstet, wie ein Hirsch ist, der nach frischem Wasser lechzt.[4] Sie kennen auch die Einladung Jesajas: »Wohlan alle, die ihr durstig seid, kommt her zum Wasser.«[5] Als Volk Gottes verlassen sie sich auf das Versprechen: »Denn ich will Wasser gießen auf das Durstige und Ströme auf das Dürre: ich will meinen Geist auf deine Kinder gießen ...«[6]

Diese Frau scheint den Doppelsinn seiner Worte jedoch nicht zu verstehen. Sie möchte ihr Grundbedürfnis nach Wasser gestillt sehen. Wäre es nicht wundervoll, wenn sie von nun an nicht mehr jeden Tag zum Brunnen gehen müßte? Das Wasserholen ist für

[2] Jeremia 17,13
[3] Psalm 36,9
[4] Psalm 42,1-2
[5] Jesaja 55,1
[6] Jesaja 44,3

sie zu einem Trauma geworden. Mit jedem Schritt zum weit entfernt liegenden Jakobsbrunnen bestraft sie sich selbst. Diese Bestrafung sieht sie in den Augen der Menschen um sie herum bestätigt.

Die Samariter kennen nur den Pentateuch, die fünf Bücher Mose. Trotzdem weiß diese Frau, daß Gott den Menschen monogam geschaffen hat; Ehebruch ist Sünde. Durch dieses Wissen stellt sie sich selbst außerhalb der Gemeinschaft. Sie ist eine Ausgestoßene, und sie ist sich darüber im klaren. Diese Erkenntnis kommt von innen heraus.

Ihr Leben wird bestimmt von Erotik und Sexualität. Sie hat fünf Ehemänner gehabt. Ob sie nun geschieden oder verwitwet ist, wird im Text nicht gesagt. So oft zu heiraten ist nicht angemessen, und das Zusammenleben mit einem Mann, mit dem man nicht verheiratet ist, verstößt gegen die Gebote Gottes.

Lebendiges Wasser bedeutet für sie das Wasser des Brunnens. Kritisch fragt sie sich: »Kann dieser Mann sein Versprechen einlösen? Dieser Brunnen ist mehr als hundert Meter tief. Er muß schon ein ganz außergewöhnlicher Mann sein, wenn er ohne Eimer aus diesem Brunnen Wasser schöpfen will. Selbst unser Vater Jakob konnte so etwas nicht schaffen.«

Die Frau spricht offen aus, was sie denkt. Sie kann ihre Gedanken in Worte fassen und hat den Mut, sie einem Mann gegenüber auszusprechen, etwas, das in ihrer Kultur absolut unüblich ist.

Wir sehen eine Frau, die sich in der Gegenwart Jesu wohlfühlt, die es wagt, sie selbst zu sein. Nichts läßt erkennen, daß Jesus durch ein solches Verhalten irritiert wäre oder denken könnte: »Wie kann die Frau es wagen, so zu mir zu sprechen?« Jesus begegnet Frauen immer mit echtem Interesse und Respekt. Schon allein deshalb sollte jede Frau ihn in ihr Leben aufnehmen!

Die Unterhaltung, die sich jetzt entwickelt, hat ein hohes Niveau. Der Herr zeigt ihr ganz klar die Richtung an, aber er zwingt sie in keiner Weise. Er hält die Frau für intelligent genug, ihre eigenen Schlußfolgerungen zu ziehen. Ihr Gespräch verläuft jetzt zweigleisig. Jesus spricht von dem Wasser, das ewiges Leben schenkt; die Frau möchte Wasser haben, das ihr den täglichen Gang zum Brunnen erspart. Die Rollen sind also vertauscht. Anstatt um Wasser zu bitten, bietet Jesus ihr Wasser an. Jetzt ist sie diejenige, die ihn um Wasser bittet.

Der Höhepunkt rückt näher. Johannes 4,4 sagt, daß Jesus durch Samarien reisen *mußte*. Die Begegnung am Brunnen zeigt, daß diese Frau der Grund hierfür ist. Er muß sie aus ihrer Leere herausholen und ihr eine neue Perspektive geben. Sie muß Jesus als ihren persönlichen Retter annehmen. Dann wird sich ihr eine neue Zukunft eröffnen. Wenn sie selbst gesegnet sein wird, dann wird sie auch für andere zum Segen werden. Aber das weiß sie noch nicht.

Bis zu diesem Zeitpunkt hat Jesus noch niemandem offenbart, wer er wirklich ist. Weder seiner Familie noch seinen Jüngern und schon gar nicht dem Theologen Nikodemus hat er dieses Geheimnis anvertraut. Diese samaritische Frau ist die erste, die aus seinem Munde hört, daß er der Messias, der Christus ist. Nach den sozialen und religiösen Wertmaßstäben ist sie diejenige, die am wenigsten qualifiziert ist, eine solche Offenbarung zu hören. Sie ist eine Frau, gehört nicht zum Volk Gottes und führt ein sündiges Leben. Wieder entscheidet sich Jesus, verletzlich zu werden.

An diesem Morgen hat die Frau ihr Haus wie gewöhnlich verlassen. Sie weiß nicht, was dieser Tag ihr bringen wird. Als sie nach Hause zurückkommt, hat sich ihr Leben von Grund auf verändert. Doch zuerst muß ein Hindernis aus dem Weg geräumt werden. Sie kann die wunderbare Gabe Gottes nicht annehmen, bevor sie ihre Sünden nicht bekannt hat.

Jesus sagt zu ihr: »Gehe hin, rufe deinen Mann, und komm her!«

Diese Worte bewirken bei ihr mehr als jede noch so überzeugende Lektion über Moral und Sexualität. Sie offenbaren das bröckelnde Fundament ihres Lebens.

Da ihr keine Vorwürfe gemacht werden, braucht sie sich auch nicht zu verteidigen. Die Frau weiß, daß sie Jesus nur eine Antwort geben kann: »Ich habe keinen Mann.«

Statt sie zu rügen oder zu verurteilen, antwortet Jesus ihr: »Du hast recht gesagt: Ich habe keinen Mann. Fünf Männer hast du gehabt, und den du nun hast, der ist nicht dein Mann; da hast du recht gesagt.«

Der Frau ist sofort klar, daß dies kein gewöhnlicher Jude ist. Jetzt erkennt sie, daß er ein Prophet Gottes ist. Er kennt die Geschichte ihres Lebens, und er weiß auch, was in ihrer Beziehung zu Männern falsch gelaufen ist und warum.

Jesus weiß besser als jeder andere um das Leid, das diese Frau durchgemacht hat. Er entschuldigt die

Männer und die Rolle nicht, die sie in ihrer Situation gespielt haben.

Es ist ernüchternd zu sehen, daß jemand einen durch und durch kennt, — zugleich aber auch befreiend. Einen Augenblick lang scheint die Frau die Unterhaltung auf eine Ebene zu lenken, die ihr sicherer erscheint. Sie stellt einige Fragen zur äußeren Form der Religion: Wo sollen wir anbeten, hier oder in Jerusalem? Hinter ihren Fragen spürt Jesus ihr Verlangen nach Gott. Er sieht eine Frau, die trotz allem über Gott nachdenkt.

Gott anzubeten, antwortet er, ist eine Sache des Herzens, der Ort der Anbetung spielt dabei keine Rolle. »Gott ist Geist, und die ihn anbeten, die müssen ihn im Geist und in der Wahrheit anbeten.«

Für eine Frau, deren Beziehung zu Männern sich überwiegend auf der sexuellen Ebene abgespielt hat, muß es sehr belebend sein, sich mit einem Mann über geistliche Dinge zu unterhalten. Diese Unterhaltung ist sehr tiefgehend, über ein Thema, an dem sie brennend interessiert ist. Ihm kann sie ihre geheimsten Gedanken anvertrauen. Sie spricht über ihre Auffassung von dem erwarteten Messias, davon, daß er alles erklären wird.

Erstaunliche Worte für jemanden, der die prophetischen Schriftrollen und Psalmen nicht kennt. Sie glaubt, daß das Heil, das durch den Erlöser gebracht wird, nicht auf das jüdische Volk beschränkt ist. »Wenn dieser (der Erlöser) kommt, wird er uns alles verkündigen.« Das ist eine bedeutende christliche Einsicht. Nur wenige Menschen haben sich so klar über den Christus geäußert.

Dann hört sie den Satz, den sie ihr Leben lang nicht mehr vergessen wird: »Ich bin's, der mit dir redet.«

Erst kurz zuvor kamen viele Menschen bei dem Passahfest in Jerusalem zum Glauben an Jesus. Und doch hat er sich ihnen nicht anvertraut, »denn er kannte sie alle ... denn er wußte wohl, was im Menschen war.«[7] In diesem Fall macht der Herr eine Ausnahme. Dieser Frau, die in keiner Weise einer privilegierten Gruppe angehört, offenbart er sich ohne Zögern. Von ihrer Herkunft, ihrem Geschlecht und ihrem Verhalten her entspricht sie nicht den Anforderungen. Doch Jesu Liebe erreicht gerade sie. Um ihretwillen macht sich Jesus verletzlich, als Mann und als Jude.

Vielleicht ist sie sogar die erste Person, die Jesu Identität kennt. Diese Begegnung hat eine befreiende Wirkung auf sie, einmal in ihrer Beziehung zu Gott, aber auch in ihrer Beziehung zu Menschen. Diese Auswirkungen sehen wir im nächsten Kapitel.

Fragen zum persönlichen Studium oder in einer Gruppe

1. Jesus erzählt der samaritischen Frau, daß er der Messias sei. In den folgenden Stellen spricht Jesus von sich als: »Ich bin ... « Finden Sie heraus, welche persönlichen Charakteristika er auflistet, und notieren Sie kurz, was jedes davon für Sie bedeutet

---

[7] Johannes 2,24-25

(Johannes 6,35; 8,12; 8,58; 10,36; 11,25; 14,6; Offenbarung 1,8.17-18).

2. Lesen Sie Philipper 2,6-11. Denken Sie über diese Stelle nach. Beschreiben Sie in Ihren eigenen Worten, in welcher Beziehung sich Jesus verletzlich gemacht hat und weshalb.

3. Was beeindruckt Sie am meisten an Jesu Verletzbarkeit?

Er stellt das Gute in einer Frau heraus

»Es glaubten aber an ihn viele der
Samariter aus dieser Stadt
um der Rede der Frau willen,
die bezeugte: Er hat mir alles gesagt,
was ich getan habe.«
Johannes 4,39[1]

Als die Unterhaltung zwischen Jesus und der Frau auf ihren Höhepunkt zusteuert, kehren die Jünger mit dem Essen zurück. Sie sind überrascht, ihren Herrn in der Unterhaltung mit einer samaritischen Frau vorzufinden.

Die Jünger sind Männer ihrer Zeit und in der alten Tradition großgeworden. Die Verachtung den Samaritern gegenüber haben sie schon von klein auf mitbekommen. Ihnen fällt es sehr schwer, mit Jesus durch Samarien zu reisen. Die Tatsache, daß sie in einer samaritischen Stadt einkaufen und bereit sind, mit ihren Bewohnern in Kontakt zu treten zeigt, daß sie Jesu Auftrag begriffen und verstanden haben, daß er nicht mit solchen Vorurteilen behaftet ist wie die übrigen Juden. Aber daß er sich auch um Frauen kümmert, ist ihnen unbegreiflich. Es übersteigt ihr Fassungsvermögen, daß das Evangelium von Jesus

[1] Lesen Sie Johannes 4,27-42.

Christus universal ist und nicht nur nationale, sondern auch gesellschaftliche Grenzen überwindet.

Die ernsten Gesichter von Jesus und der Frau zeigen, wie tief sie in Gedanken versunken sind. Das ist ihnen ein noch größeres Rätsel. Die Rabbis lehren, daß Frauen nicht fähig seien, religiöse Dinge zu verstehen. Ihrer Meinung nach ist eine längere Unterhaltung mit einer Frau schädlich für einen Mann und ein Verstoß gegen das Gesetz. Nach den rabbinischen Maßstäben mißachtet Jesus mit dieser Begegnung alle Gebote der Tradition und des guten Benehmens.

Die ernste Atmosphäre zwischen Jesus und der Frau verhindert, daß die Jünger Fragen stellen; doch die Frau liest die Mißbilligung in ihren Augen. Sie fühlt sich in zweierlei Weise abgelehnt, vielleicht sogar mehr aufgrund der Tatsache, daß sie eine Frau ist, als wegen ihrer samaritischen Herkunft. Die Art, wie die Männer sie ansehen, tut ihr weh. Jesus stellt das Gute in ihr heraus; die Jünger tun das Gegenteil. Sie beginnt nun zu begreifen, daß sie in der Tat einen Mann getroffen hat, der vollkommen anders ist: den Messias. Er hat ihr einen geistlichen Spiegel vorgehalten.

Dies sind die beiden wichtigsten Entdeckungen, die ein Mensch machen kann. Dieser Frau ist klargeworden, daß Jesus allwissend, weise, gerecht, verständnisvoll und voller Liebe ist. In diesem Licht ist ihr Leben hoffnungslos und voller Sünde. Doch diese eine Begegnung zeigt ihr eine vollkommen neue Dimension. Die Auswirkungen dieses neuen Lebens wird sie nur langsam begreifen, doch sie weiß sofort, daß sich alles geändert hat und neu geworden ist.

Sie braucht jetzt kein Wasser mehr. Den Krug läßt sie einfach stehen. Neuer Lebensmut ergreift Besitz von ihr und in ihren Augen liegt ein neuer Glanz. Entschlossenheit umspielt ihren Mund. Schnell kehrt sie in die Stadt zurück. Sie muß ihre Freude mit anderen teilen.

Jesus läßt sie gehen. Jeder andere Mann in seiner Situation hätte es nicht gern gesehen, von einer Frau angekündigt zu werden, schon gar nicht von so einer Frau. Doch Jesus nimmt das Risiko auf sich. Er vertraut ihr.

Die innere Freiheit dieser samaritischen Frau ist so groß, daß sie die Begegnung mit ihren Mitbürgern sogar sucht. Es wäre sinnlos, ihre Vergangenheit vertuschen zu wollen. Sie hat nun keine Angst mehr vor den Menschen und ihrer Kritik an ihr. Jesus, der Messias, hat sie angenommen!

Sie ist eine tapfere Frau und nennt das Kind beim Namen. »Kommt, seht einen Menschen, der mir alles gesagt hat, was ich getan habe«, ruft sie. Sie weiß, sie kann das Interesse der Menschen an Jesus nur dadurch wecken, daß sie erzählt, was er für sie getan hat.

Die Menschen lesen die Freude auf ihrem Gesicht. Sie spüren, daß sich etwas Großes in ihrem Leben ereignet hat. Kann es sein, daß dies die Frau ist, die sie noch vor wenigen Stunden zum Brunnen gehen sahen, verschlossen und mit einem ausschweifenden Lebensstil? Wer ein solch zerstörtes Leben so plötzlich und radikal ändern kann, muß ein außergewöhnlicher Mensch sein!

Auf einmal füllt sich die Straße, die von Sychar zum Brunnen führt, mit Menschen. Jesus und seine

Jünger sehen sie kommen. Ihre langen weißen Gewänder glänzen im Sonnenschein. Die Einwohner von Sychar begegnen Jesus und erfahren, wer er ist. Die Frau hat recht. Er ist der Retter der Welt! Diese Anerkennung, die Jesu eigenes Volk ihm bisher verweigert hat, bekommt er nun von den verachteten Samaritern.

Die Frau fängt an zu begreifen, was mit der Quelle des Lebens, von der Jesus gesprochen hat, gemeint ist. Die versteckte Sehnsucht nach Gott, die Jesus bei ihr entdeckt hat, wird in ihr zur Quelle lebendigen Wassers, einer Quelle, die den Durst von vielen anderen stillt. Dieser Strom wird breiter werden und die Arbeit des Heiligen Geistes ankündigen, der bald von allen Gotteskindern Besitz ergreifen soll.[2] Nach Jerusalem wird Samarien der erste Bereich sein, wo der Heilige Geist ausgegossen wird. Die Bekehrung dieser samaritischen Frau wird bleibende Frucht tragen.

Die Frau, mit der niemand etwas zu tun haben wollte, die alle aufgegeben hatten, wird zur ersten Evangelistin außerhalb der Grenzen des jüdischen Landes. Die Begegnung mit Jesus wird für sie und für viele andere zu einem wichtigen Ereignis. Der Glaube an Jesus Christus reinigt sie von ihrer Vergangenheit. Von nun an sind die Menschen freundlich zu ihr. Sie sind ihr dankbar. Sie geht als ein Botschafter für Frieden und Glück in die Geschichte ein. Endlich findet sie ihren Platz in der Gesellschaft; sie kann sie selbst sein und ist sich ihres Wertes bewußt. Sie wird zum

[2] Johannes 7,37-39

lebenden Beweis, daß Jesus Christus ein Leben von Grund auf erneuern kann. Statt verachtet zu werden, gibt sie anderen Menschen Ermutigung und neue Hoffnung.

Diese Begegnung wird zu einem Wendepunkt für die Frauen in der Geschichte. Zu jener Zeit ist es traurig bestellt um die Stellung der Frauen. Die Juden sind in ihrem Denken durch die Völker um sie herum beeinflußt. Sie kümmern sich nicht um das, was Gott über die Frauen denkt. Der griechische Dramatiker Euripides zum Beispiel war der Meinung, tausend Frauen seien noch nicht so viel wert wie ein einziger Mann! Die Mischna, das Buch der jüdischen Gesetzesüberlieferungen, vertritt fast dieselbe Auffassung: Dort sind hundert Frauen so viel wert wie zwei Männer. Für den jüdischen Historiker Flavius Josephus ist die Frau dem Mann in jeder Beziehung unterlegen. Automatisch muß man an die Worte von J. van der Hoeven denken, der gesagt hat: »Was, um alles in der Welt, haben wir Männer getan, daß wir so überschätzt wurden?«[3]

Jesus bringt keine Gegenargumente, die wahrscheinlich gar nicht verstanden worden wären und nur das Gegenteil bewirkt hätten. Doch seine gleichbleibende Haltung Frauen gegenüber unterstreicht die Tatsache, daß er die Frau als gleichwertig ansieht. Er ist der Meinung, daß eine Frau soviel wert ist wie ein Mann. Bei seiner Wiederkunft werden Männer und Frauen auf eine Stufe gestellt.

[3] *Squint-eyed Little Angel* (Übersetzung des Autors), Amsterdam, Niederlande, Ploegsma, Seite 40.

Das sehen wir schon direkt nach Jesu Geburt. Als er dem Herrn im Tempel dargebracht wird, sind Simeon und Hanna da, um das Kind zu grüßen. Es ist Hanna, die die Initiative ergreift und die gute Nachricht in Jerusalem verkündigt.[4]

Jesus erzählt in seinen Gleichnissen sowohl von Männern als auch von Frauen. In der Synagoge von Nazareth erzählt er zuerst von der Witwe von Sarepta und danach von Naeman aus Syrien.[5] Als erste heilt Jesus auch einen Mann und eine Frau: den von Dämonen besessenen Mann in der Synagoge von Kapernaum und Simons Schwiegermutter.[6] In seinen Gleichnissen stellt Jesus den Mann, dem eines seiner hundert Schafe davon lief, neben die Frau, die einen Silbergroschen verloren hat.[7] Und das sind nicht die einzigen Beispiele.

Der Unterhaltung mit der samaritischen Frau folgt ein Gespräch mit Nikodemus, einem mächtigen Mann im Sanhedrin. Diese beiden Gespräche unterscheiden sich vollkommen voneinander. Mit Nikodemus spricht Jesus über intellektuelle und theologische Dinge. Er erläutert ihm die Notwendigkeit der Wiedergeburt. Die Unterhaltung mit der Frau verdeutlicht die Veränderung, die bei ihr vor sich gegangen ist, und die ihre Ursache in dem neuen Leben hat, von dem Jesus gesprochen hat, und von den Auswirkungen, die das auf die Umgebung der Frau hat. Jesus benutzt also sowohl Männer als auch Frauen, um zu

4 Lukas 2,22-38
5 Lukas 4,25-27
6 Lukas 4,33-39
7 Lukas 15,3-10

zeigen, was nötig ist für die Annahme und Ausbreitung des Evangeliums.

Johannes ist der einzige Evangelist, der über die Begegnung Jesu mit der samaritischen Frau berichtet. Anscheinend hat diese Begebenheit einen solchen Eindruck auf ihn gemacht, daß er sich auch noch sechzig Jahre später an alle Einzelheiten erinnert. Er durchlebt noch einmal die glühende Mittagshitze im verachteten Samarien. Die Unterhaltung hat sich so tief in sein Gedächtnis gebrannt, daß er sich selbst nach so langer Zeit noch deutlich daran erinnert.

Gewöhnlich wird die samaritische Frau hart beurteilt. Die Fehltritte ihres Lebens werden unter einem Vergrößerungsglas betrachtet und Fragezeichen hinter ihre Offenheit in bezug auf geistliche Dinge gesetzt. Sie hat nur von sich selbst abgelenkt, sagen wir leichtfertig.

Jesus deckt das Böse auf, aber er verdammt die Frau nicht. Auf diese Weise hat er ein verlorenes Leben zu einer Segensquelle für viele gemacht.

Fragen zum persönlichen Studium oder in einer Gruppe

1. Viele Samariter kamen zum Glauben an Jesus als dem Retter der Welt. Ihr Interesse war durch den Bericht der samaritischen Frau geweckt worden. War ihre Botschaft so überzeugend (Johannes 4,39-42)?

2. Was geschah mit Zachäus, nachdem er Jesus begegnet war (Lukas 19,11-9)? Welche Parallele können

Sie zwischen Zachäus und der samaritischen Frau erkennen?

3. Lesen Sie die Berichte über das Leben des Paulus bevor und nachdem er Jesus begegnete und danach (Apostelgeschichte 22,3-15; 1. Korinther 15,9-10; Philipper 3,4-9; 1. Timotheus 1,12-15).

4. Was überzeugte den Hohen Rat von der Echtheit der Worte von Petrus und Johannes (Apostelgeschichte 22,12-13)?

5. Woran wird die Echtheit unseres Glaubens gemessen (1. Korinther 4,19-20)?

6. Versuchen Sie, diese Begegnungen mit Jesus mit 2. Korinther 5,17 in Zusammenhang zu bringen.

Er ist persönlich betroffen

>»Und als sie der Herr sah, jammerte
sie ihn, und er sprach zu ihr:
Weine nicht!«
Lukas 7,13 [1]

Langsam folgt sie der Totenbahre. Vor ihr gehen Flötenspieler und trauernde Frauen, deren Beruf es ist,
bei Leichenzügen mitzugehen und laut ihre Trauer
herauszuschreien. Um sie herum sind die Männer
und Frauen der Stadt, die getrennt hinter dem Leichnam hergehen. Die Menschen sind erschüttert und
haben Mitleid mit dieser Witwe, die ihren einzigen
Sohn zu Grabe trägt. Alle haben ihre Arbeit nieder-
gelegt.

In ihrem Haus sind die Tische und Sofas umge-
dreht worden als Zeichen der Trauer. Später, nach der
Beerdigung wird sie erst richtig erfassen, was dieser
Verlust für sie bedeutet. Bisher hat sie nur wenig Zeit
gehabt, sich mit ihrem Schmerz auseinanderzusetzen.
Gestern noch hat ihr Sohn gelebt, und heute schon ist
sein Körper für die Beerdigung vorbereitet. Wegen
der Gesundheitsbestimmungen wird in Israel ein
Leichnam immer sofort beigesetzt. Außerdem ver-
unreinigen sich die Israeliten, wenn sie einen Toten
berühren.

[1] Lesen Sie Lukas 7,11-17.

Diese Frau nimmt kaum wahr, was um sie herum passiert. Die Gedanken der Witwe, die erneut mit dem Tod konfrontiert wird, wandern zurück zu dem Tag, an dem ihr Mann starb. Es ist ganz natürlich, daß diese schmerzlichen Erinnerungen wieder aufflackern.

Wenn der Mann einer jüdischen Frau stirbt, verliert sie mit seinem Tod auch ihre finanzielle und soziale Absicherung. Wie Heimatlose und Ausländer hat sie dann kein gesichertes Einkommen mehr. Sie ist vollkommen auf die Gnade anderer angewiesen. Deshalb werden Witwen oft sogar zu Prostituierten.

Hinterläßt ein Mann keine Kinder, geht nach dem jüdischen Gesetz seine Hinterlassenschaft an die Brüder oder die männlichen Verwandten seines Vaters. Eine kinderlose Witwe kehrt in der Regel zu ihren Eltern zurück oder wird mit ihrem Schwager verheiratet. Dieses Gesetz war nur erlassen worden, damit der Name des Verstorbenen weiterbesteht, und nicht, um die Witwe zu versorgen.[2]

Gott hatte seinem Volk bestimmte Regeln gegeben, wie es mit Witwen verfahren sollte. Eine Witwe darf zum Beispiel Ähren auf den Feldern auflesen und das abpflücken, was auf den Bäumen geblieben ist.[3] Auch bekommt sie einen Teil von dem Zehnten, den die Leute für Gott geben.[4] Aber im Grunde genommen ist sie auf das Mitleid ihrer Mitmenschen angewiesen.

Es gibt auch Leute in Israel, die diese Gebote ignorieren und sich selbst auf Kosten der Witwen

[2] 5. Mose 25,5-10
[3] 5. Mose 19,21
[4] 5. Mose 26,12

bereichern. Einige Leute vergrößern ihren eigenen Besitz, indem sie die Grenzsteine ganz allmählich zu ihren Gunsten verschieben. Und obwohl Gott sein Volk wiederholt vor diesen Praktiken gewarnt hat, kommt es doch immer wieder vor.[5]

Noch nicht einmal die geistlichen Führer gehen mit gutem Beispiel voran. Anstatt nach Gottes Geboten zu leben und andere zu ermahnen, dasselbe zu tun, ziehen sie Vorteile aus der Notlage der Witwen. Dafür werden sie von Jesus streng getadelt: »Sie fressen der Witwen Häuser und verrichten zum Schein lange Gebete. Die werden desto schwereres Urteil empfangen.«[6] (Das Wort »Haus« bezieht sich auch auf andere Besitztümer.) Die Pharisäer machen sich diese Gesetze zunutze. Sie sind absolut nicht geneigt zu arbeiten und vermitteln den Eindruck, daß es die Pflicht der Witwen sei, sie finanziell zu unterstützen, und daß das von Gott belohnt werden würde. Die Witwen sind durch ihre scheinbare Frömmigkeit beeindruckt und opfern ungebührlich viel für sie.

Die geistlichen Führer, die sich rühmen, das Gesetz in- und auswendig zu kennen, versäumen es leider, diese Hingabe auch im täglichen Leben zu zeigen.[7] Die Pharisäer halten die Witwen absichtlich unwissend. Ihrer Meinung nach ist es besser, die Schriften zu verbrennen — die ja viele Zusagen für die Witwen enthalten — als Frauen zu unterweisen.

[5] Sprüche 15,25; 22,28; 23,10
[6] Markus 12,40
[7] Matthäus 23,23

Jesus ist ganz anders. In seinen Augen ist eine Frau durchaus qualifiziert für die Unterweisung in der Schrift. Er billigt ihr ihre vollen Rechte zu, ob sie nun unverheiratet ist oder Witwe.

Diese trauernde Witwe hat bisher nur wenig Zuwendung erfahren. Ihr einziger Sohn, den sie nun zu Grabe trägt, hat gemäß der jüdischen Tradition die Pflichten seines Vaters übernommen. Er hat für sie gesorgt und sie beschützt. Und nun ist er nicht mehr da. Für sie bedeutet das einen doppelten Verlust. Zu ihrer Trauer über seinen Tod kommt die Sorge um ihre Zukunft. Wen erstaunt es da, daß die Bibel über den Verlust des einzigen Kindes mit so großer Traurigkeit spricht, noch dazu, da es sich um den einzigen Sohn einer Witwe handelt.[8]

Die Prozession nähert sich langsam dem Stadttor. Nain ist auf einem Hügel gebaut und kann nur durch dieses eine Tor betreten oder verlassen werden. Als die Beerdigungsgesellschaft das Tor erreicht, kommt eine andere Gruppe von Menschen den Berg herauf.

Jesus und seine Jünger kommen von Kapernaum. Viele Leute haben sich ihnen angeschlossen. Ihre Prozession des Lebens trifft vor dem Stadttor auf diese Prozession des Todes. Eine verhängnisvolle Begegnung für den Tod!

Beerdigungen sind in Israel nichts Besonderes. Jesus begegnet jeden Tag einem Leichenzug, doch dies ist das einzige Mal, daß er eingreift. Die Tränen dieser Mutter rühren ihn an, noch viel mehr als die Tatsache, daß ein so junges Leben durch den Tod

[8] Sacharja 12,10

dahingerafft worden ist. Jesus versteht die Trauer der Witwe besser als jeder andere. Er weiß, wie sehr sie sich über die Geburt dieses Jungen gefreut hat, und wie gewissenhaft er erzogen worden ist. Er weiß, daß im Osten der Wert einer Frau an der Anzahl ihrer Kinder gemessen wird, besonders der Söhne. Söhne bedeuten Status und Prestige. Söhne sind die Altersversorgung. Haben Sie Kinder? Söhne? Das ist auch im zwanzigsten Jahrhundert immer noch eine der ersten Fragen, die dort jemandem gestellt wird.

Vielleicht erinnert ihn diese Frau an seine eigene Mutter, die auch (wie allgemein angenommen wird) eine Zeit lang Witwe gewesen ist. Vielleicht erinnern ihn die Tränen dieser Frau an den Schmerz seiner Mutter Maria, als ihr Mann Joseph starb.

Jesus weiß um die Einsamkeit einer Witwe. Er weiß, daß es schwer ist zu sehen, wie mit dem Tod des Mannes sich gleichzeitig auch der Kreis der Freunde verkleinert. Nur noch Frauen besuchen die Witwe. Männer entziehen sich in der Regel dieser Aufgabe. Eine Frau, die in dem Bewußtsein lebt, um ihrer selbst willen geachtet zu sein, muß erkennen, daß sie nur zusammen mit ihrem Mann etwas gilt. Für das Selbstbewußtsein der Witwen ist das ein schwerer Schlag.

Jesus hat dieses Leid der Witwen aus der Nähe miterlebt. Nachdem Joseph gestorben war, hat er die Verantwortung für die Familie auf sich genommen und seine Mutter unterstützt. Pflichtbewußt führt Jesus diese Aufgabe durch bis zum Schluß. Sein letzter Gedanke vor seinem Tod gilt seiner Mutter.[9]

[9] Johannes 19,26-27

Im Gegensatz zu den korrupten religiösen Führern vernachlässigt Jesus Gottes Gebote in bezug auf
die Witwen nicht. Auch hier gehorcht er dem Willen
Gottes. Er offenbart sich als der Sohn dessen, der die
Witwen erhält [10], der sagt: »Deine Witwen sollen auf
mich hoffen.« [11]

Er steht jetzt der Mutter gegenüber. »Weine
nicht«, sagt er. Rührung liegt in seiner Stimme. Bei
der Auferweckung des Lazarus kann Jesus seine Tränen nicht zurückhalten, als er Maria und Martha weinen sieht. Jesus empfindet den Schmerz anderer mit.
Er ist der verheißene Messias, von dem gesagt wird:
»Nicht ein Engel und nicht ein Bote, sondern sein
Angesicht half ihnen. Er erlöste sie, weil er sie liebte
und Erbarmen mit ihnen hatte. Er nahm sie auf und
trug sie allezeit von alters her.« [12]

Jesus nähert sich der Totenbahre. Er berührt ihn
und sagt: »Jüngling, ich sage dir, stehe auf!« (Nach
östlicher Sitte wird der Leichnahm nicht in einen
Sarg, sondern in Leinen gehüllt in einen Weidenkorb
gelegt. Das Gesicht wird auch mit einem Tuch abge-
deckt.) Die Beistehenden werden von Ehrfurcht
erfüllt, als sie sehen, wie der Tote sich aufrichtet und
zu sprechen anfängt.

»Jesus gab ihn seiner Mutter.« Das Wohl der
Mutter, das ist Jesu Anliegen. Er möchte ihre Tränen
trocknen. Genau wie damals der Prophet Elia, er-
weckt Jesus den Sohn einer Witwe zum Leben, um

[10] Psalm 14,6-9
[11] Jeremia 49,11
[12] Jesaja 63,9

sie zu trösten. Der Herr weiß um jeden Schmerz einer Witwe. Er leidet mit.

Die Auferweckung dieses jungen Mannes ist vielleicht nicht dasselbe wie die Berufung des Jünglings, mit ihm über Land zu ziehen.[13] Jesus handelt nicht nach festen Formen oder Methoden. Er geht auf jedes Individuum ein. Jeder hat seine besondere Aufgabe. Dieser junge Mann soll zu Hause sein und für seine Mutter sorgen. Die Frau bekommt ihren Sohn zurück, und damit auch ihren Platz in der Gesellschaft.

Die Umstehenden sehen diese Auferweckung als ein Zeichen an. Sie erinnern sich an die Propheten Elia und Elisa, und an die Wunder, die diese beiden getan haben. »Gott hat sein Volk heimgesucht«, sagen sie. Endlich wieder einen Propheten im Land! Das Wunder wird zum Hauptgesprächsthema. Noch im Umkreis von vielen Kilometern erzählt man sich davon. Das in Freude umgewandelte Leid einer Frau wird zur Freude vieler.

Jesu Wirken auf der Erde hat begonnen. Er wird auch noch andere von den Toten auferwecken — die Tochter des Jairus und Lazarus von Bethanien. Doch der erste, der von den Toten wiederauferweckt wird, ist der Sohn einer unbekannten Witwe.

Jesus nimmt sich ihrer an, obwohl sie ihn nicht darum gebeten hat. Die Auferweckung ihres Sohnes von den Toten ist nicht abhängig von ihrem Glauben, der nicht mit einem einzigen Wort erwähnt wird. Jesus hilft, weil er den Schmerz dieser Frau nicht

[13] Lukas 18,18-25

ertragen kann. Er bewirkt, daß ein Mensch, der traurig ist, wieder lachen kann. Weil er sich angesprochen fühlt. Weil er besonders mit den Witwen mitfühlt. Und das hat sich bis zum heutigen Tag nicht geändert!

Fragen zum persönlichen Studium oder in einer Gruppe

1. Warum, denken Sie, nennt sich Gott ein »Vater der Waisen und ein Helfer der Witwen« (Psalm 68, 5-6)? Welche andere Gruppe liegt ihm auch besonders am Herzen? Welchen Trost kann eine alleinstehende Frau aus Jesaja 54,1-6 schöpfen, obwohl das, was Jesaja sagt, eher symbolisch gemeint ist?

2. Wie verhalten sich Menschen oft den Witwen gegenüber? (2. Mose 22,22-24; 5. Mose 16,11; Jeremia 22,3-5; Apostelgeschichte 6,1). (Diese Stellen beziehen sich zwar nur auf Witwen, doch wir können sie ruhig auch auf alleinstehende Frauen ausdehnen nach dem, was wir in Frage 1 behandelt haben.)

3. Welchen Einfluß hat dieses Verhalten auf unser persönliches Leben und auf die Gesellschaft im allgemeinen?

4. Mit welchem Maßstab mißt Gott die Reinheit unseres Glaubens (Jeremia 7,5-7; Jakobus 1,27)?

5. Wir begegnen auch noch anderen Witwen in der Bibel. Schreiben Sie kurz Ihre Gedanken zu jeder von ihnen auf (Markus 12,41-44; Lukas 2,36-38; 4,25-26; 18,1-8). Wie haben sie Jesus gedient? Warum hat er sie als Beispiel genommen?

6. Sind Sie nach dem Lesen dieser biblischen Berichte der Meinung, daß den Witwen in unserer heutigen Gesellschaft genügend Aufmerksamkeit geschenkt wird? Was kann getan werden, um das Beispiel Jesu nachzuahmen?

7. Gehören Witwen zu Ihren Freunden? Wie verhalten Sie sich ihnen gegenüber?

Er begegnet einer Frau ohne Vorurteile

»Jesus aber sprach zu der Frau:
Dein Glaube hat dir geholfen;
geh hin in Frieden.«
Lukas 7,50 [1]

Wenn alles, was Jesus getan hat, in allen Einzelheiten aufgezeichnet worden wäre, dann wäre die Welt zu klein, um all die Bücher zu fassen. Zu dieser Schlußfolgerung kommt Johannes am Ende seines Evangeliums. Wir würden aber trotzdem gern ein wenig mehr über die Frau wissen, der wir hier begegnen, der Sünderin, die die Füße Jesu salbte. Viele Fragen bewegen uns.

Wo hat sie Jesus zum ersten Mal getroffen, und was hat sich ereignet? Hat sie ihn nur von weitem gesehen, oder gab es ein persönliches Treffen? War sie zugegen, als Jesus den Sohn der Witwe zu Nain von den Toten auferweckte? Vielleicht kam sie durch diese Begebenheit zu der Erkenntnis, daß ihr Lebensstil falsch war?

Eines ist sicher: Die Begegnung mit Jesus verändert ihr Leben und weckt in ihr den Wunsch, in Zukunft anders zu leben. Die Frömmigkeit und Fehlerlosigkeit, die Jesus ausstrahlt, machen ihr, der

[1] Lesen Sie Lukas 7,36-50.

stadtbekannten Prostituierten, klar, daß sie vom rechten Weg abgekommen ist und nicht so lebt, wie Gott es ursprünglich gedacht hat. Sie versteht wenig von Gott — von der großen Verantwortung, die Gott den Frauen und Männern für die Erde und ihre Bewohner gegeben hat. Aber anstatt ein Segen zu sein, ist sie unmoralisch und zerstörerisch. Doch das wird sich ändern. Sie hat ja Jesus getroffen!

Was sich genau ereignet hat, wie es gekommen ist, daß sie an Jesus glaubt, werden wir wohl erst erfahren, wenn ihr Lebensbuch geöffnet wird.[2] Bis dahin müssen wir uns mit dem kurzen Bericht zufrieden geben, der nur bei Lukas aufgezeichnet ist. (Diese Geschichte darf nicht mit der Begebenheit verwechselt werden, als Maria von Bethanien Jesus salbt. Es bestehen gravierende Unterschiede in bezug auf den Ort, die Zeit und die Umstände.[3])

Die Frau erfährt, daß Simon, der Pharisäer, Jesus zu einem Essen eingeladen hat. Pharisäer sind strenggläubige orthodoxe Juden, die das Gesetz buchstabengetreu befolgen. Mit anderen Worten, die Pharisäer sind Jesus nicht wohlgesonnen. Zu häufig wirft Jesus ihnen vor, daß sie das Gesetz zwar genau studieren, es aber ohne Liebe tun. Anstatt den Menschen zu dienen, versuchen sie, über sie zu herrschen.

Wir wissen nicht, warum Simon den Herrn Jesus einlädt. Wir können nur raten. Vielleicht möchte er, daß Jesus etwas tut, was er gegen ihn verwenden kann. Vielleicht ist es Neugier. Vielleicht möchte

[2] Offenbarung 20,12
[3] Johannes 12,1-8

Simon Jesus einfach nur näher kennenlernen. Oder vielleicht ist er an dem Mann ernsthaft interessiert, der durch seine spektakulären Heilungen und Wunder so populär geworden ist.

Was immer auch der Grund sein mag, Simon begegnet seinem Ehrengast nicht mit großem Respekt. Ganz im Gegenteil; der Empfang ist außerordentlich kühl und distanziert.

Ein Gast, der das Haus eines prominenten Juden betritt, kann in der Regel mit drei Dingen rechnen. Der Gastgeber legt dem Gast als erstes die Hand auf die Schulter und gibt ihm einen Friedenskuß. Dieses Zeichen des Respekts darf in der Gegenwart eines Rabbi niemals ausgelassen werden.

Auch wird einem Gast immer kühles Wasser über die Füße gegossen, nachdem er auf der staubigen Straße unterwegs war. Dann wird ihm ein wenig süßduftender Weihrauch oder ein Tropfen Rosenöl auf die Stirn gestrichen. Die gute Sitte fordert, daß diese drei Dinge niemals vernachlässigt werden dürfen. Indem Simon alle drei »vergaß«, hat er gravierend gegen das östliche Gebot der Gastfreundlichkeit verstoßen.

Wenn ein Rabbi bei einem prominenten Juden zu Gast ist, dürfen alle möglichen Leute ins Haus kommen und den Worten des geehrten Lehrers zuhören. Das ist der Grund dafür, daß die Frau ungehindert hereinkommen kann. Simon kann es nicht verhindern.

Die Gäste liegen zu Tisch. Man liegt auf einem niedrigen Sofa und stützt sich auf den linken Ellbogen. Die Schuhe hat man ausgezogen. Das erklärt, warum die Frau hinter Jesu Füßen stehen kann.

Es erfordert großen Mut, in dieser erlesenen Gesellschaft zu erscheinen. Jeder weiß, daß sie eine unmoralische Frau ist. Sie spürt, wie die Leute denken: »Da geht die Frau, die die Sünde zu ihrem Beruf gemacht hat.«

Jemandem die Füße zu salben als Zeichen der Huldigung oder das Küssen der Füße von Rabbis war gängige Sitte zur Zeit Jesu. Doch diese Frau tut beides mit großer Hingabe, nicht einfach nur, weil es Sitte ist. Wahrscheinlich plant sie, alles so schnell und unauffällig wie möglich zu tun. Doch in Jesu Nähe wird sie von ihren Gefühlen übermannt. Tränen der Reue vermischen sich mit Freudentränen, weil der Herr ihre Huldigung und Dankbarkeit nicht zurückweist. Spontan löst sie ihre Haare und trocknet seine Füße, die von ihren Tränen naß geworden sind. Das ist eine sehr bewegende, wenn auch höchst ungewöhnliche Geste. Nach ihrer Hochzeit zeigt sich eine jüdische Frau niemals mit losen Haaren in der Öffentlichkeit. Das gilt als unschicklich. Doch diese Frau schert sich nicht darum. Sie vergißt sich und ihre Umgebung. Es gibt nur einen Menschen, der ihre Aufmerksamkeit verdient, und das ist Jesus!

Dies ist eine der seltenen Begebenheiten in Jesu Erdenleben, daß jemand spontan und voller Liebe etwas für *ihn* tut. Hier ist jemand, der an ihn denkt, der ihm eine Freude machen möchte, der etwas *geben* möchte.

Bisher haben Jesus und die Frau noch kein Wort miteinander gesprochen. Simon beobachtet alles; er wird immer wütender. Ihn, als Gesetzeslehrer, rührt es nicht, daß ein Sünder seine Sünden bereut. Für ihn ist und bleibt sie eine schlechte Frau. Statt dessen kritisiert er Jesus. Dieser Rabbi kann nicht der Prophet sein, für den einige Leute ihn halten, denn dann wüßte er, daß diese Frau eine notorische Sünderin ist, mit der kein anständiger Mensch etwas zu tun haben will.

Simon hat unrecht. Mehr als ein Prophet befindet sich unter seinem Dach. Jesus, der Simons Gedanken kennt, beantwortet seine unausgesprochene Frage. Er rügt ihn nicht, sondern spricht so mit ihm, daß er eigentlich in sich gehen müßte. Zwar hat Simon Jesus durch seinen kühlen Empfang öffentlich beleidigt, aber Jesus liebt ihn trotzdem. Er möchte Simon für sich gewinnen. Wie die Frau, auf die Simon herabsieht, braucht auch er eine persönliche Begegnung mit dem Heiland der Welt — er muß innerlich angerührt werden. Simon muß erkennen, daß auch er gesündigt hat, er muß seine Sünde bekennen, erst dann kann ihm vergeben werden. Simon bekommt hier seine Chance, genau, wie die Frau eine bekommen hat.

Die Geschichte von den zwei Männern, die einem dritten Geld schulden, scheint hier auf den ersten Blick nicht zu passen, aber Jesus möchte damit die Brücke schlagen zu der gegenwärtigen Situation. Er wendet sich an die Frau, ist aber sensibel genug, sie nicht in Verlegenheit zu bringen. Dann fragt er Simon, den Pharisäer: »Siehst du diese Frau?« Natürlich sieht Simon sie. Er ist mit Vorurteilen behaftet. Für ihn ist sie nur ein unglücklicher Fall. Er sieht sie auch mit den Augen eines Mannes, der sich in ihrer Gegenwart nicht wohlfühlt. Auf ihn wirkt sie anziehend und abstoßend zugleich. Es ist schwierig, das richtige Verhaltensmuster zu finden. Sie stört ihn.

»Er sah sie besser als wir. Wir kennen sie nur durch die Brille von vielen Generationen fähiger Exegeten, die verantwortlich sind für die Überschrift: ›Jesu Salbung durch die Sünderin‹. [Die Alliteration bei ›*S*albung‹ und ›*S*ünderin‹ vermittelt Weichheit. Die scharfen Ecken dieser Wörter sind verschwunden. Es sind typische Wörter für die Bibel, aber nicht für unsere heutige Welt. Sie haben einen heiligen Klang, doch wir können uns nicht gut ein Bild davon machen.] Nach all den vielen Jahren muß Jesus auch uns fragen: ›Siehst du diese Frau?‹ Wir sehen sie nur, wenn wir diese Geschichte aus der veralteten Terminologie herausnehmen und uns den Tatsachen stellen, indem wir ihr einen neuen Titel geben: ›Jesus empfängt Zärtlichkeiten von einer Hure‹.« [4]

Ihre Berührung bringt Jesus nicht in Verlegenheit. Sein Verhalten ist neutral, aber doch engagiert. Für ihn ist diese Frau kein Objekt, sondern eine Person, die sich selbst im Spiegel betrachtet hat und von dem, was sie gesehen hat, so schockiert ist, daß sie ihr Leben radikal verändern möchte. Zum ersten Mal in ihrem Leben spricht ein Mann nicht herablassend über sie, obwohl Jesus ihre Lebensweise ganz klar verurteilt. Doch dieser Ansatz der liebevollen Konfrontation befreit sie.

Jesus sucht keine Entschuldigungen für ihr Tun. Er spricht von ihren »vielen Sünden«. Doch sie fühlt

[4] Okke Jagger, *Opklaring* (Übersetzung des Autors), Ede, Zomer & Keuning, Niederlande, 1981, S. 79.

sich angenommen, weil ihre Sünden ihr leid tun. Er ist der einzige, der ihr verständnisvoll und ohne Vorurteile begegnet. Er weiß, wie sie in dieses unmoralische Leben abgerutscht, und wie einsam sie dadurch geworden ist. Kaum jemand versteht besser als er, wie es ist, ein Ausgestoßener der Gesellschaft zu sein.

Jesus denkt auch an die Männer, die sexuell mit ihr verkehrt haben. Sie werden hier nicht erwähnt, doch in seinen Augen sind sie genauso schuldig. Jesus urteilt unparteiisch. Er hat keine doppelbödigen Maßstäbe.

Jesus stellt nun den Gegensatz zwischen Simons formaler Kühle und der großen Liebe dieser Frau heraus. Das Waschen seiner Füße, das Simon versäumt hat, der Kuß, den er ihm verweigerte und die Salbung mit Öl, die Simon »vergaß«, den Respekt, den er ihm nicht erwiesen hat, all das wird ihm von der Frau entgegengebracht in einer Weise, die das normale Ritual der Fußwaschung weit übersteigt. Die Frau ist mit dem Herzen dabei. Ihre Tränen, das ständige Küssen seiner Füße, der Duft des Öls, das immer noch in der Luft hängt, sind Zeichen ihrer großen Liebe und Dankbarkeit. Mit ihrem Handeln zeigt sie, daß sie sich ihrer Sünde bewußt ist. Aber sie weiß auch, daß ihr vergeben worden ist. Darum ist ihre Liebe auch so groß. Simon fühlt sich nicht schuldig, darum empfindet er auch keine Liebe oder Dankbarkeit.

Simon ist selbstgefällig. Doch seine Begegnung mit Jesus führt nicht zu Selbsterkenntnis oder Reue. Er kann einem leid tun, denn er findet keine Vergebung. Nur Sünden, die bekannt werden, können von Jesus vergeben werden.

Erkennen die anderen Gäste, daß diese Frau Simon und sie alle beschämt? Ist ihnen klar, daß Simon mit seinen Vorurteilen sich selbst richtet? Beachten sie die Warnung? Sie können nicht wissen, daß sie an einem kritischen Punkt der Geschichte angekommen sind. Von nun an werden andere Maßstäbe gelten. Für Jesus gibt es keinen Unterschied mehr zwischen einer Prostituierten und einem selbstgerechten Pharisäer. Beide haben gesündigt. Er begegnet beiden ohne Vorurteil und will sie beide von ihrer Vergangenheit befreien.

Zum ersten Mal spricht Jesus jetzt die Frau an. »Dir sind deine Sünden vergeben«, sagt er.

Die Gäste fragen sich: »Wer ist dieser, der auch die Sünden vergibt?« Ob sie nun die Mission Jesu erkennen oder nur skeptisch sind und ihn der Ketzerei beschuldigen, wird nicht deutlich.

Jesus reagiert nicht darauf. Für ihn ist nur die Frau wichtig. »Dein Glaube hat dir geholfen; gehe hin in Frieden!« Mit diesen Worten wird die Tür zu ihrer sündigen Vergangenheit für immer geschlossen. Der Weg in eine vielversprechende Zukunft ist offen.

Ihr Glaube rettet sie vor dem Gericht, das sie selbst durch ihre Sünde auf sich gebracht hat. Vor den Augen des heiligen Gottes konnte sie nicht bestehen, nicht, weil sie eine Hure war, sondern weil sie sich gegen Gott aufgelehnt hat. Die Sünde hat sie Gott entfremdet. Wie jeder Mensch brauchte sie eine Korrektur in ihrer Beziehung zu ihm.[5]

[5] Römer 3,23-24

Der Preis für den Frieden zwischen Gott und Mensch ist unglaublich hoch. Jesus gibt dafür sein Leben hin dort am Kreuz auf Golgatha, in der Nähe der Stadt Jerusalem.[6]

Dann sagt er: »Gehe hin in Frieden.« *Schalom.* Dies ist ein Abschiedsgruß, den die Juden bis auf den heutigen Tag beibehalten haben. Doch das Wort bedeutet noch viel mehr. Eigentlich meint Jesus damit: »Gehe in den Frieden.« Er stellt den Frieden so dar, als wäre er ein Haus, in dem sie leben kann, als etwas, das sie von allen Seiten umgibt. Von nun an soll der Frieden ihren Geist und ihre Gedanken durchdringen, damit sie jeder Situation mit Gleichmut und Vertrauen gegenübertreten kann.[7]

Ihr Frieden mit Gott ist nun wieder hergestellt. Doch der Frieden mit den Menschen muß erst noch geschlossen werden. Ihr Platz in der Gesellschaft muß Schritt für Schritt wiedergewonnen werden. Die Sünde hat sie wie eine Krake in ihren Fängen gehabt. Sie wird ihre Beute nicht so leicht loslassen. Ihre »Klienten« werden ihr Nein nicht ohne gewissen Protest akzeptieren. Sie werden alles nur Mögliche versuchen, um sie wieder in ihr früheres Leben zurückzuziehen.

Es ist auffällig, daß Jesus nicht zu ihr sagt: »Laß von deiner Sünde ab.« Mit diesen Worten verabschiedet er sich von einer anderen Frau, aber nicht von dieser.[8] Bestimmt weiß er, der in den Herzen der Men-

---

[6] Römer 5,1-8
[7] Philipper 4,6-7
[8] Johannes 8,11

schen liest wie in einem offenen Buch, daß ihre Abscheu vor der Sünde so groß und ihre Umkehr so echt ist, daß sie diese Ermahnung nicht nötig hat.

Der Frieden, den Jesus ihr schenkt, bedeutet nicht nur ein Zur-Ruhe-Kommen, sondern auch Wiederherstellung. Wie das genau vor sich gegangen ist, wird nicht gesagt. Aber eines ist sicher: Der Herr, der ein gutes Werk in ihr begonnen hat, wird es auch vollendet haben.

Fragen zum persönlichen Studium oder in einer Gruppe

1. Jesus sagt zu der Frau: »Dein Glaube hat dir geholfen«. Arbeiten Sie aus folgenden Versen heraus, was Glaube ist und was er tut: Römer 5,1; Galater 2,20; Epheser 2,8; Hebräer 1,11.

2. Lesen Sie Hebräer 11, und notieren Sie sich, was der Glaube im Leben eines Menschen vollbringen kann.

3. Jesus fragte Simon: »Siehst du diese Frau?«
   a) Denken Sie nach über diesen Pharisäer, seinen Hintergrund und seine Einstellung (siehe auch Fragen 1-3 am Ende des Kapitels 10). Was hielt er Ihrer Meinung nach von dieser Frau?
   b) Wie sah Jesus sie?
   c) Versuchen Sie, sich in die Lage dieser Frau zu versetzen. Schreiben Sie auf, was sie wohl gedacht haben mag.

4. Welchen Vorurteilen begegnen Männer und Frauen in unserer heutigen Zeit, und wie kann man das ändern?

Er nimmt Frauen in seiner Gruppe auf

»Und es begab sich danach, daß er durch
Städte und Dörfer zog und predigte
das Evangelium vom Reich Gottes; und die
Zwölf waren mit ihm, dazu einige Frauen,
die er gesund gemacht hatte von bösen
Geistern und Krankheiten, nämlich Maria,
genannt Magdalena, von der
sieben böse Geister ausgefahren waren,
und Johanna, die Frau des Chuzas,
eines Verwalters des Herodes,
und Susanna und viele andere,
die ihnen dienten mit ihrer Habe.«
Lukas 8, 1-3

Welche der Frauen mag wohl als erste die Idee gehabt
haben, sich Jesus und seinen Jüngern anzuschließen?
Vielleicht Maria Magdalena? Ihr Name wird als erster
genannt.

Jesus hat sieben Dämonen von ihr ausgetrieben.
Dies war für sie ein einschneidendes Erlebnis und hat
ihr Leben von Grund auf verändert. Von nun an ist sie
für andere ein Vorbild in der Nachfolge Jesu Christi.
Aber Maria Magdalena ist nicht die einzige.

Da ist noch Johanna, deren Mann eine wichtige
Position am Hof des Königs Herodes Antipas be-
kleidet. Sie lebt in der Nähe von zwei liederlichen

Frauen: Herodias, der Frau des Herodes, und Salome, ihrer Tochter. Die beiden haben Johannes den Täufer kaltblütig ermorden lassen. Wie ist es möglich, daß Johanna in einer solchen Atmosphäre sich selbst treu bleibt? Was hat der Herr für sie getan, daß sie das für sie sonst so bequeme Leben am Hof verläßt und Jesus nachfolgt? Wir wissen nur, daß er sie geheilt hat.

In der damaligen Kultur ist die Frau der Besitz des Mannes. Sie kann sich nicht frei bewegen. Ist Johannas Entscheidung, Christus zu folgen, vielleicht der Grund für einen Bruch zwischen ihr und ihrem Mann? Oder erlaubt Chuzas seiner Frau vielleicht sogar, ihrem Herzenswunsch zu folgen? Einer Legende zufolge verliert Chuzas aufgrund der Bekehrung seiner Frau und ihres mutigen Zeugnisses anderen Mitgliedern der königlichen Familie gegenüber seine Position als Verwalter.

Susanna gehört auch zu den Frauen, die von Jesus geheilt werden. Auch sie folgt ihm nach. Ihr Name bedeutet ›weiße Lilie‹. Er wird nur einmal erwähnt. Sagt ihr Name vielleicht etwas über die Reinheit ihres Charakters aus? Welch ein Privileg für eine Frau wie Susanna, die zu ihrer Zeit anonym war, aber durch das Zeugnis der Bibel bis in unsere heutige Zeit bekannt ist.

Salome ist die Mutter von Johannes und Jakobus und die Frau des Zebedäus, dem Besitzer eines Fischgeschäfts. Er und seine Familie sind in den gelehrten Kreisen Israels bekannt.

Die Söhne der Salome haben das Geschäft des Vaters verlassen. Sie gehören zu den ersten Jüngern Jesu. Später kommt auch Salome dazu. Es gilt als sicher, daß Salome die Schwester der Mutter Jesu ist.[1] Damit wäre sie Jesu Tante. Obwohl viele ihn ablehnen oder ihm kritisch begegnen, ist Salome davon überzeugt, daß Jesus der künftige König Israels ist.

Einen gewissen Ehrgeiz kann Salome nicht leugnen. Sie möchte für ihre Söhne die besten Plätze im kommenden Königreich Jesu.[2] Vielleicht beansprucht sie aufgrund der Familienbeziehungen gewisse Rechte. Wie Johanna bringt sie durch ihren sozialen Hintergrund auf jeden Fall einen gewissen Status in die Gruppe um Jesus, der in den Augen vieler nur der verachtete Mann aus Nazareth ist.

Viele andere Frauen begleiten Jesus und seine Gruppe auf ihrem letzten Weg von Galiläa nach Jerusalem. Sie bleiben anonym. Nur ein Name wird noch erwähnt: Maria, die Mutter von Jakobus und Joseph, Frau des Alphäus oder Klopas. Ihr Sohn Jakobus (mit dem Spitznamen »der Kleine« oder »der Jüngere«) gehört zusammen mit den Söhnen der Salome zu den zwölf auserwählten Jüngern. Wieder treffen wir eine Frau, die für eine gewisse Zeit ihren Mann und die Sicherheit ihres Heims verläßt, um für Jesus und seine Jünger da zu sein. Rabbis, die von ihren Jüngern begleitet durch die Lande ziehen, sind für die damalige Zeit nichts Ungewöhnliches. Ungewöhnlich ist nur, daß Jesus auch Frauen in seiner Gruppe duldet. Diese Frauen sind nicht namentlich ausgewählt wie die Jünger. Sie werden auch nicht ausgesandt, um

[1] Lesen Sie Matthäus 27,56; Markus 15,40-41; 16,1-2 und Johannes 19,25.
[2] Matthäus 20,20-21

zu predigen, Kranke zu heilen oder Dämonen auszutreiben. Und doch haben sie eine wichtigere Aufgabe zu erfüllen, als man auf den ersten Blick annehmen möchte.

Jesu Einstellung Frauen gegenüber ist außergewöhnlich. Zum einen ist er nicht so mit Vorurteilen behaftet und negativ in seiner Beurteilung von Frauen wie die anderen religiösen Führer in Israel. Das zeigt sich immer wieder. Die Tatsache, daß er sich der kritischen Einstellung Frauen gegenüber in seiner Umgebung bewußt ist, macht seine Haltung um so bemerkenswerter.

Den griechischen Frauen ging es noch schlechter. Eine verheiratete Frau hatte nur im Haus etwas zu sagen. Vor den Quartieren der Frauen wurden besondere Wachen aufgestellt, die darauf achteten, daß die Frauen nur mit einer Begleitperson ausgingen. Typisch ist die Bemerkung eines Freundes von Plato: »... Das weibliche Geschlecht ist es gewöhnt, versteckt zu leben, im Dunkeln ...«[3]

Auch bei den Römern waren die Frauen nicht höher angesehen. Ein Zeitgenosse von Horaz sagt: »Es ist leichter, ein Meer trockenzulegen oder mit der bloßen Hand die Sterne vom Himmel zu holen, als zu verhindern, daß eine Frau sündigt.«[4]

Im Buddhismus wird die Frau als die Wurzel allen Übels angesehen. Einige Aussprüche Buddhas: »Sie hat einen Verstand, der nicht größer ist als die

---

[3] Peter Ketter, *Christ and Women* (Übersetzung des Autors), Hilversum, Niederlande, N. V. Paul Brand's 1937, S. 25.
[4] Ketter, *Christ and Women*, S. 37.

Breite von zwei Fingern.« »Undurchdringlich und tief wie die Wege eines Fisches im Wasser ist das Wesen einer Frau. Sie ist ein listiger, verschlagener Dieb, bei dem keine Wahrheit zu finden ist.«[5]

Wie anders dagegen denkt Jesus von Nazareth! Seine langen Unterhaltungen mit Frauen sind für jedermann lesbar aufgeschrieben worden.

»Wenn euch nun der Sohn frei macht, so seid ihr wirklich frei.«[6] Diese Worte klingen wie Musik, besonders in den Ohren von Frauen. Christus befreit eine Frau in zweierlei Hinsicht: von der Sünde und von dem Makel, den die Gesellschaft ihrem Frausein aufgedrückt hat.

Jede Frau kann nur bestätigen, was Dorothy Sayers schreibt: »Vielleicht ist es gar nicht so verwunderlich, daß die Frauen die ersten an der Krippe und die letzten unterm Kreuz waren. Sie hatten noch nie zuvor einen Mann wie diesen getroffen — einen solchen hat es nie wieder gegeben.«[7]

Jesus zieht also mit einer Gruppe von Männern und Frauen durchs Land, von Galiläa durch Phönizien und das Land östlich des Jordan, dann nach Jerusalem. Für diese Reise brauchen sie mehr als ein Jahr. Eine solche Reise ist eine stumme Bestätigung in sich.

Galiläa, wo die Frauen sich der Gruppe um Jesus anschließen, ist ein Mittelpunkt der damaligen Welt.

[5] Ketter, S. 53.
[6] Johannes 8,36
[7] Dorothy Sayers, *Are Women Human?*, Grand Rapids, Eerdmans, 1974, S. 47.

Palästina ist die Verbindung zwischen Europa und Afrika. Alle müssen durch dieses Land reisen. Folglich sehen Griechen, Römer, Ägypter und Asiaten am Beispiel dieses Rabbi, wie ein Mann sich einer Frau gegenüber verhalten sollte. Jesus behandelt die Frauen nicht wie Sachen, was selbst in unserer heutigen Gesellschaft des zwanzigsten Jahrhunderts noch vorkommt. (Achten Sie einmal auf die Werbung in Illustrierten und im Fernsehen.) Die Frauen in der Gruppe um Jesus erfüllen ihre Aufgaben sorgfältig.

Diese Aufgaben erstrecken sich auf mehrere Gebiete. Jesus hat seine Arbeit als Zimmermann aufgegeben; er hat sich also finanziell von der Großzügigkeit anderer abhängig gemacht. Der Sohn Gottes — Gott selbst, der Schöpfer des Himmels und der Erde, dem alles gehört, erniedrigt sich aufs Äußerste.

Die finanzielle Unterstützung dieser Frauen ist wichtig. Dreizehn Männer und alle anderen, die sich der Gruppe anschließen, müssen täglich mit Essen versorgt werden. Die Kleidung muß gewaschen und geflickt werden; es muß eingekauft werden. Obwohl die Männer einiger Frauen gut gestellt zu sein scheinen, liegt es immer noch an ihnen, wie sie ihr Geld ausgeben. Das Geld, das sie für Jesus und seine Gruppe einsetzen, geht zu Lasten ihrer eigenen Bedürfnisse, wie schöne Kleider und anderes. Jede Frau freut sich über solchen Luxus, aber besonders die jüdische Frau.

Die Hingabe dieser Frauen ist auch eine emotionale Ermutigung für Jesus. Während sich viele von ihm abwenden und andere ihn kritisieren, gibt es hier eine Gruppe, die loyal zu ihm steht. Diese Unterstützung mindert seine Niedergeschlagenheit und Einsamkeit.

Lukas schreibt, daß diese Frauen Jesus und seinen zwölf Jüngern »dienten mit ihrer Habe«. Im Urtext wird hier das Wort *diakoneo* verwendet, was soviel bedeutet wie »praktische christliche Hilfe« zu geben, etwas, das den Einsatz des ganzen Menschen erfordert.

Jesus weiß besser als jeder Mensch, wie groß das Opfer ist, das die Frauen für ihn bringen. Er weiß, wie anstrengend es ist, Tag für Tag über Land zu ziehen. Mit ihm zusammen setzen sie sich der Hitze des Tages aus. Sie wissen nicht, wo und wie sie die Nacht verbringen werden. Es ist ein Risiko, sich mit einem Mann einzulassen, der nicht einmal einen Stein hat, auf den er sein Haupt legen kann. Das gilt für Männer, aber um so mehr für Frauen.

Jesus geht ein gewisses Risiko ein, wenn er Frauen in der Gruppe um sich duldet. Peter Ketter sagt: »Das haben die Schriftgelehrten nie getan. Sie waren der Überzeugung, daß es unvereinbar mit der Würde eines Rabbis sei, weibliche Jünger in seiner Nähe zu dulden. Doch die Tatsache, daß Jesus Frauen in seiner Gruppe tolerierte, zeigt offen, daß er Frauen anders bewertete als die Schriftgelehrten. Christus gab der Frau ihre Persönlichkeit zurück. Dies beeinflußte die Frauen dahingehend, daß sie mit den traditionellen Sitten brachen, die ihre Wurzeln in der Überschätzung des Mannes und der Geringschätzung des weiblichen Geschlechts hatten.

Trotz der permanenten Eifersucht und gnadenlosen Anspielungen der Feinde Jesu gab es niemals irgendeine Art von Gerede in bezug auf seine Beziehung zu Frauen. Das ist ein weiterer Beweis für seinen erhabenen Charakter, der absoluten Reinheit seiner Absichten und seines einwandfreien Verhaltens.«[8]

Bemerkenswert ist auch, daß wir nichts Negatives über diese Frauen hören. Nirgends ist berichtet, daß Jesus sie gescholten oder korrigiert habe, wie das bei seinen Jüngern der Fall ist. Bei den Frauen gibt es auch kein Gerangel um Privilegien. Diese Frauen bilden sich nichts darauf ein, daß sie Jesus uneigennützig nachfolgen. Sie erwarten keine Belohnung, ganz im Gegensatz zu dem, was von Petrus, Jakobus und Johannes berichtet wird.[9]

Obwohl die Männer — aus verständlichen Gründen — mehr im Vordergrund stehen als die Frauen, schließt Jesus das weibliche Geschlecht nicht von seinem geistlichen Dienst aus. Der beste Beweis hierfür ist das, was der Engel zu den Frauen sagt: »Er ist nicht hier; er ist auferstanden. Gedenkt daran, wie er euch gesagt hat, als er noch in Galiläa war«.[10] Jetzt erinnern sich die Frauen daran, denn sie waren ja dabei, als Jesus von seinem Weggehen gesprochen hat. Diese wichtige Information hat er nicht nur den Männern gegeben, sondern auch den Frauen.

Uns wird nicht berichtet, daß Jesus etwas über die Gleichwertigkeit von Mann und Frau gesagt hätte. Seine Auffassung zu diesem Thema zeigt sich in seinem Handeln.

---

[8] Ketter, *Christ and Women*, S. 308-309.
[9] Matthäus 19,27; Markus 10,35-37
[10] Lukas 24,6

Jesus läßt es zu, daß Frauen an seinen physischen und emotionalen Nöten teilhaben. Sie sehen ihn weinen. Er versteckt seine Gefühle nicht vor ihnen, sondern zeigt offen, wenn er müde oder enttäuscht ist. Auf der anderen Seite teilen sie auch seine Freude und sind glücklich über die Wunder, die er tut. Die Frauen durchleben mit ihm die ganze Bandbreite der Gefühle. Daß er sie respektiert und anerkennt, ermutigt sie und gibt ihnen die Kraft zum Weitermachen.

Mit Ausnahme von Johannes sind diese Frauen die einzigen, die Jesus bei seiner Kreuzigung nicht verlassen. Obwohl es ihnen schwerfällt zu sehen, wie Jesus leidet, bleiben sie und stehen Jesus in seinem Leid bei. Sie sind ihm treu bis zum Tod. Auch bei seiner Beerdigung sind sie anwesend.

Jesus nimmt die Frauen ernst. Das zeigt sich immer wieder. Er hört ihnen zu. In seinen Augen ist eine Unterhaltung mit Frauen nicht vergeudete Zeit. Jesus weiß, wie eine Frau behandelt werden will. Er weiß, daß sie Verantwortung tragen möchte. Schon bei der Schöpfung hat Gott ihr diese Berufung gegeben. Darum erwartet er auch viel von ihr.

Der Schweizer Arzt Paul Tournier schreibt zu diesem Thema: »Ich habe den Eindruck, daß die Männer, wenn sie die Frauen besser kennen würden, mehr von ihnen erwarteten. Und wenn sie mehr von ihnen erwarteten, würden sie ihnen mehr Verantwortung übertragen.«[11] Jesus anerkennt als erster die Einzigartigkeit und den Wert *aller* Menschen.

[11] Paul Tournier, *The Gift of Feeling*, London, SCM Press Ltd., 1982, S. 57.

Die Frauen, die Jesus nachfolgen, bringen Wärme in die Männergesellschaft um Jesus. Nirgendwo lesen wir, daß sie sich an den Jüngern messen. Mit typisch weiblicher Intuition bringen sie das ein, was in einer Männergesellschaft fehlt: Freundlichkeit, Fürsorge und Feingefühl. So verwirklichen sie einiges von dem, was Gottes ursprüngliche Intention in seiner Schöpfung war. Eine Gesellschaft funktioniert nur dann gut und harmonisch, wenn sie von Frauen und Männern zusammen aufgebaut wird. Wenn der weibliche Einfluß fehlt, wird eine Gesellschaft arm. Sie leidet, wenn die weibliche Kreativität sich nicht entfalten kann, wenn ihr besonderer Beitrag nicht erwünscht ist. Das ist das Problem zur Zeit Jesu, aber nicht dieser Zeit allein. Auch heute treffen wir oft auf eine solche unnatürliche Begrenzung der menschlichen Möglichkeiten.

Die Jünger haben Jesu Umgang mit Frauen täglich vor Augen. Begreifen sie, was sich vor ihren Augen abspielt? Verstehen sie wirklich die neue Dimension, die Jesus der Beziehung zwischen Männern und Frauen gegeben hat? Die Antwort scheint negativ zu sein.

Drei der Schreiber der Evangelien — Johannes, Matthäus und Markus (Markus schreibt die Geschichte des Petrus) — handeln die Rolle dieser Frauen extrem kurz ab. Sie beschränken sich auf ihre Anwesenheit in den letzten Tagen in Jesu Leben. Nur Lukas, der dafür bekannt war, Frauen gegenüber besonders aufmerksam zu sein, stellt sie an die Seite der Jünger und an den Anfang seines Evangeliums. Paulus ist zwar nicht bei Jesus während seiner Zeit auf der Erde, aber offensichtlich hat auch er Jesu Botschaft verstanden. In Römer 16 führt Paulus die Namen seiner Mitarbeiter auf; ein Drittel davon sind Frauen. Er berichtet in allen Einzelheiten, wieviel einige von ihnen ihm persönlich und für seine Arbeit bedeuten.

Der gläubige Arzt Paul Tournier hat sich eingehend mit der Rolle beschäftigt, die eine Frau im Dienst Christi spielen sollte. In seinem Buch *The Gift of Feeling* betont er, daß die Kirche und die Gesellschaft Gottes Plan für den Mann und die Frau mit ihrer besonderen Aufgabe in der Familie bisher wenig Beachtung geschenkt habe. Seiner Meinung nach wurde von der besonderen Gabe der Frau, nämlich dem Verständnis für andere, bisher wenig Gebrauch gemacht. Die weibliche Intuition und Feinfühligkeit sollte das männliche Denken ergänzen.[12]

Unsere heutige Zeit erntet die Früchte dieses Ungleichgewichts. Die Frau ist »aufgewacht«. Leider eher aufgrund ihrer verletzten Gefühle und der Mißachtung ihrer menschlichen Würde als durch das vorbildhafte Verhalten Jesu Christi. Viele Frauen gehen nun auf die Barrikaden. Andere sind unsicher und frustriert. Auf der anderen Seite fühlen sich die Männer, die sich Mühe geben mußten, mit der Entwicklung Schritt zu halten, verletzt und bedroht.

Versuchen wir Männer und Frauen, die wir den Herrn Jesus lieb haben und die Bibel kennen, dem

---

[12] Paul Tournier, *The Gift of Feeling,* London, SCM Press Ltd., 1982, S. 57.

Vorbild Jesu zu folgen? Sowohl Männer als auch Frauen müssen wieder neu auf Jesus Christus sehen, Vorurteile und Traditionen hinter sich lassen und versuchen, zusammen neue Wege zu finden. Wir sollten uns von dem Einen, der uns geschaffen hat, inspirieren und ermutigen lassen.

Dee Jepsen war für einige Zeit als Assistentin Präsident Ronald Reagans zuständig für die Verbindung der Regierung zu den Frauenvereinigungen. Sie schreibt: »Erstaunliche Dinge könnten passieren, wenn wir (Frauen) als gleichwertige Menschen anerkannt würden, und wenn man unsere Beiträge zum Wohle der Gesellschaft — in unserem Zuhause, im Beruf, in der Gemeinde, in der Politik, in der Erziehung und so weiter — anerkennen würde. Und wenn auch die Männer anfangen würden, unseren Wert richtig einzuschätzen, dann würden sie uns mit anderen Augen betrachten. Ihr Verhalten müßte sich ändern.«[13]

Wenn diese Veränderung tatsächlich stattfände, würde etwas geschehen, das die Menschheit noch nie zuvor erlebt hätte. Dann würde die Entwicklung, die vor zweitausend Jahren von dem Mann eingeleitet wurde, der anders war als alle anderen, zu einer mächtigen Bewegung.

[13] Dee Jepsen, Women: Beyond Equal Rigths, Waco, Texas, Word Books, 1984, S. 48-49.

Fragen zum persönlichen Studium
oder in einer Gruppe

1. Lesen Sie Römer 16,1-16. Schreiben Sie die Namen der Mitarbeiterinnen des Paulus auf und beschreiben Sie, wenn möglich, wie sie ihm gedient haben. Was fällt Ihnen bei ihren Aufgaben auf?

2. Was würden Sie auf die Frage in 1. Korinther 9,5 antworten?

3. Auf welche Weise boten die folgenden Frauen ihren Dienst am Evangelium an: Tabita (Apostelgeschichte 9,36-42), Maria, die Mutter von Johannes Markus (Apostelgeschichte 12,12-17) und Lydia (Apostelgeschichte 16,14-15.40)?

4. Es hat den Anschein, als hätten Missionarinnen mehr Freiraum in der Zusammenarbeit mit Männern, als das bei Frauen in ihrer häuslichen Umgebung der Fall ist. Was ist Ihrer Meinung nach der Grund dafür, und was halten Sie davon?

5. Sind Sie der Meinung, daß die Zusammenarbeit zwischen Männern und Frauen in der Kirche und in christlichen Organisationen dem Vorbild entspricht, das Jesus uns gegeben hat? Welche Veränderungen wären wünschenswert? Wie können Sie in den Ihnen gesteckten Grenzen das Bestmögliche tun?

Er nimmt jede Frau ernst

»Und siehe, da kam ein Mann mit Namen Jairus,
der ein Vorsteher der Synagoge war,
und fiel Jesus zu Füßen und bat ihn,
in sein Haus zu kommen;
denn er hatte eine einzige Tochter
von etwa zwölf Jahren,
die lag in den letzten Zügen.«
Lukas 8, 41-42 [1]

Jairus ist es nicht gewöhnt, andere um einen Gefallen zu bitten. Er ist ein einflußreicher Mann, der normalerweise selbst anderen eine Gunst erweist. Als Synagogenvorsteher genießt er großes Ansehen — tatsächlich gehört er zu den meist geachtetsten Persönlichkeiten in der Gemeinde. Jairus ist der Verwaltungschef der Synagoge, der Vorsitzende der Ältesten und zuständig für die Durchführung der Gottesdienste.

Jairus macht sich auf den Weg zu Jesus. Das ist nicht leicht für ihn, denn er weiß wohl um die negative Einstellung vieler Leute diesem populären, wundertuenden Rabbi gegenüber. Welche Vorurteile Jairus Jesus gegenüber auch haben mag, er hat sie beiseite gestellt. Er muß auch seinen Stolz überwinden, denn er befindet sich in großer Not. Sein Kind, seine ein-

---

[1] Lesen Sie Matthäus 9, 18-25; Markus 5, 21-43 und Lukas 8, 40-56.

zige Tochter, liegt im Sterben. Die Ärzte haben offensichtlich alle Hoffnung aufgegeben. Nur ein Wunder kann sie noch retten.

Die Not bringt die Menschen zum Beten und vergrößert ihren Mut. Obwohl die religiösen Führer Israels die Entscheidung des Jairus, selbst zu Jesus zu gehen, nicht billigen würden, schickt er nicht einfach nur einen Diener, sondern macht sich, ungeachtet der Konsequenzen, die sein Tun für seine Karriere haben könnten, selbst auf den Weg. Er gehört einer Gruppe von Juden an, deren Feindschaft Jesus gegenüber ständig zunimmt. Vielleicht hat er deshalb Angst, daß Jesus ihn nicht empfängt? Wenn das der Fall ist, so ist seine Angst unbegründet.

Er findet Jesus inmitten einer Menge, die dankbar ist, daß er wieder im Lande ist. Der Herr ist gerade von der anderen Seite des Sees zurückgekehrt. Im Land der Gerasener hat er ein großes Wunder vollbracht. Obwohl Jesus in eine Unterhaltung mit seinen Jüngern vertieft ist, schenkt er Jairus sofort seine ungeteilte Aufmerksamkeit.

Jairus kniet vor Jesus nieder. Sein Kopf berührt die Erde. Das ist ein Zeichen des allergrößten Respekts.

Die Sorge in den Augen dieses Vaters erinnert Jesus an die Sorge, die er einst in den Augen seiner eigenen Eltern gelesen hat, als er damals verlorengegangen war. Er war gerade zwölf Jahre alt gewesen, wie die Tochter des Jairus. Zwölf Jahre ist ein kritisches Alter für ein Mädchen in Israel. Sie steht auf der Schwelle zum Erwachsensein, und viele Mädchen werden in diesem Alter schon verlobt.

Die religiösen Führer Israels sind alles andere als frauenfreundlich. Auch deswegen ist Jairus besorgt. Mädchen gelten nicht viel in diesem Land. »Heil denen, deren Kinder Jungen sind; weh' denen, deren Kinder Mädchen sind«, heißt es. Oder: »Bei der Geburt eines Jungen freuen sich alle, doch bei der Geburt einer Tochter trauern sie.« »Wenn ein Junge auf die Welt kommt, bedeutet das Frieden; wenn es ein Mädchen ist, bedeutet es gar nichts.«[2]

Was Jairus auch bisher über Frauen gedacht haben mag, die Not seiner einzigen Tochter bricht ihm das Herz. Vielleicht erkennt Jairus gar nicht, wie leer und heuchlerisch die Religion in Israel geworden ist. Die Gebete der jüdischen Männer, die selbstgerecht Gott täglich dafür preisen, daß sie keine Mädchen geworden sind, sind Gott ein Greuel. Das Gespräch über das Gesetz ist zur Farce geworden, weil eine von Gottes zentralen Schöpfungsordnungen überhaupt nicht beachtet wird. Jeder Jude weiß durch die ersten Zeilen der heiligen Schriften, daß Gott Mann und Frau nach seinem Bilde geschaffen, und ihnen beiden die Erde anvertraut hat. Mann und Frau sollen gleichberechtigte Partner sein, sich lieben, ergänzen und sich gegenseitig dienen. Von diesem ursprünglichen Ziel sind die Juden drastisch abgewichen.

Nie ist Jairus so schmerzlich bewußt geworden, wie gering die Frauen von den meisten religiösen Führern geachtet werden. Er weiß, Jesus ist anders. Aber Jesus ist auch ein Jude und ein Mann. Wie wird

[2] Peter Ketter, *Christ and Women,* S. 70.

er reagieren? Ob er wohl für eine Frau, ein Mädchen, seine wichtige Arbeit im Stich läßt? Das Kind bedeutet Jairus unendlich viel. Aber welchen Wert wird sie in den Augen des Herrn haben?

Jairus hätte sich keine Sorgen zu machen brauchen. Jesus steht sofort auf und geht mit ihm. Doch sie kommen nicht so schnell zu seinem Haus, wie Jairus gedacht hatte. Die drängelnde Menge behindert sie. Und dann gibt es noch eine unerwartete Verzögerung. Eine kranke Frau sucht Hilfe bei Jesus, genau wie er. (Bemerkenswert: Sie ist genauso lange krank wie die Tochter des Jairus alt ist: zwölf Jahre.)

Zwar macht sich Jesus sofort auf und begleitet Jairus zu seinem Haus. Das bedeutet aber nicht, daß diese Frau ihm weniger wichtig wäre. Gesellschaftlich steht sie weit unter dem Synagogenvorsteher. Und doch gibt Jesus ihr Gelegenheit, ihm das ganze Elend der vergangenen zwölf Jahre zu erzählen. Jairus muß lernen, daß Jesus jede Frau — auch die kranke, von der Gesellschaft ausgeschlossene — ernst nimmt.

Was Jairus unter allen Umständen verhindern wollte, wovor er große Angst hat, tritt ein. Sein Kind stirbt. »Bemühe den Meister nicht mehr«, kommt eine Botschaft von zu Hause. Mit anderen Worten heißt das: »Dieser Mensch kann zwar Kranke heilen, aber über den Tod hat er keine Macht.« Anscheinend ist schon vergessen worden, daß Jesus erst kurz zuvor jemanden von den Toten auferweckt hat: den Sohn der Witwe in Nain.

Jesus ignoriert diese Worte. »Fürchte dich nicht; glaube nur, so wird sie gesund.« Diese Worte sind für den Vater der Rettungsanker, an den er sich klammert.

Zwar haben ihm diese Worte Mut gemacht, doch als er zu Hause ankommt und mit der Realität konfrontiert wird, sieht alles ganz anders aus. Die trauernden Frauen und Flötenspieler haben sich schon eingestellt, obwohl das Kind erst kurze Zeit tot ist. Vom Haus des Jairus schallt ohrenbetäubender Lärm herüber. Die berufsmäßigen Trauernden, die für ihr Weinen und Schreien bezahlt werden, haben das Haus schon in Besitz genommen. Natürlich haben die Leute großes Mitleid mit den Eltern, die über den Tod ihrer einzigen Tochter trauern. Hinzu kommt, daß es sich dabei um einen hochgestellten Bürger der Stadt handelt. Vielleicht trauern sie deshalb um so lauter.

Jesus beobachtet den Tumult und sagt zu den Trauernden: »Weint nicht! Sie ist nicht gestorben, sondern sie schläft.«

(Die Bibelkommentatoren vertreten hier eine unterschiedliche Auffassung. Einige sind der Meinung, der Todesschlaf sei gemeint, wie bei Lazarus. Andere denken, daß das Mädchen im Koma lag. Aber auch dann hätte Jesus ihr das Leben gerettet. Beerdigungen mußten in Palästina aufgrund der klimatischen Verhältnisse innerhalb von wenigen Stunden durchgeführt werden. Archäologische Nachforschungen bei Gräbern haben gezeigt, daß die Menschen oft lebendig begraben worden sind.)

Nun zeigt sich die Oberflächlichkeit der Trauer. Die Trauernden sind gar nicht richtig froh, diese hoffnungsvollen Worte zu hören. Sie lachen Jesus aus. Dieser Moment gehört zu den vielen Gelegenheiten, bei denen der Sohn Gottes auf dieser Erde leidet.

Jesu Leiden ist nicht auf das Kreuz beschränkt, obwohl dies sein Höhepunkt ist. An jedem Tag in seinem Leben auf der Erde leidet er physisch, denn auch er kennt Krankheit und Müdigkeit. Doch der größte Schmerz ist geistlicher Art. Jesus, der von Natur aus sehr einfühlsam ist, leidet unter den Menschen: unter ihrer Lieblosigkeit, ihrer Pedanterie und Oberflächlichkeit. Er leidet unter ihrer Verachtung und Zurückweisung. Jesus, der selbst ohne Sünde ist, erlebt den Schrecken der Sünde im oft so gefühllosen Verhalten der Menschen untereinander. Der Herr kennt die Sünde, nicht durch persönliche Erfahrung, sondern durch die Auswirkungen in dem Leben der Menschen um ihn herum.

Jesus schickt alle hinaus. Nur Petrus, Jakobus, Johannes und die Eltern dürfen den Raum betreten, in dem das Mädchen liegt. Als Eltern stehen Mann und Frau zusammen. In den Ohren der westlichen Zivilisation ist dies nichts Besonderes. Doch bei den Juden zur Zeit Jesu war das anders. Der Vater regelte die Angelegenheiten der unverheirateten Tochter. (Er arrangierte eine Verlobung und die Hochzeit, entweder allein, oder mit anderen Männern zusammen. Die Mutter hatte dabei nichts zu sagen.)

Jesus stellt die Frau an die Seite des Mannes, die Mutter neben den Vater. Er zeigt Verständnis für den Schmerz der Mutter und nimmt sie nicht weniger ernst als den Vater.

Dann spricht Jesus die Worte: »*Talitha koum!*« (was so viel bedeutet wie: ›Kind, steh auf!‹). Für das Mädchen entscheiden sie über Leben und Tod. Jesus nimmt sie bei der Hand, und sie steht sofort auf. Sie lebt! Sie ist vollkommen gesund, denn sie steht auf und läuft herum.

Jesus sagt, man solle ihr etwas zu essen geben. In ihrer Verwirrung haben die Eltern das ganz vergessen. Während der langen Krankheit hat das Mädchen kaum etwas zu sich genommen. Jetzt ist kein Wunder mehr vonnöten. Die Natur sorgt nun für alles weitere.

Nur ein Tag im Leben von Jesus. Doch das ist der entscheidende Tag im Leben dieser drei Frauen, die ihm begegnet sind. Die kranke Frau wird wieder ganz gesund und kann ihren Platz in der Gesellschaft wieder einnehmen. Das junge Mädchen war tot und hat ein neues Leben geschenkt bekommen. Die Frau des Jairus bekommt etwas, um das sie gar nicht gebeten hat, etwas, das sie wahrscheinlich noch gar nicht einmal vermißt hat: das Bewußtsein, daß auch sie etwas wert ist. In Jesu Augen ist sie nicht nur die Frau ihres Mannes und die Mutter ihres Kindes. Sie ist ihm wertvoll als Mensch. Sie gehört zu den »Töchtern«, von denen Jesaja sagt: kostbar, geehrt und von Gott geliebt.[3]

Für die Menschen ist Gottes Plan in bezug auf die Rolle der Frau nicht leicht zu verstehen. Im Christentum wie in der Gesellschaft wird oft ein unsichtbarer Maßstab angelegt, der den Wert des Mannes höher einschätzt als den Wert der Frau. Gott hat die Frau mit bestimmten, einzigartigen Merkmalen ausgestattet. Doch die Männer haben es den Frauen schwer gemacht, ihre Gaben richtig einzusetzen. Darum haben die Beziehungen irreparablen Schaden erlitten.

[3] Jesaja 43,4-7

Gläubige Frauen sind auch oft selbst schuld. Sie unterschätzen sich nur allzu oft, sei es nun bewußt oder unbewußt. Sie nehmen das, was in Jesaja als Willen Gottes für seine Kinder beschrieben wird, nicht für sich persönlich in Anspruch. Indem sie diese hohe Berufung ignorieren, werten sie indirekt das Opfer ab, das Jesus für sie gebracht hat. Sich zu unterschätzen ist oft genauso eine Sünde, wie sich zu überschätzen. In beiden Fällen wird Gott nicht die Ehre gebracht, die ihm gebührt.

Ich erinnere mich an eine Bibelgruppe, in der die Frauen sehr engagiert waren — bis, aufgrund einer Neuorganisation, Männer hinzukamen. Auf einmal beteiligten sich nur noch die Männer — nicht weil sie über die Frauen dominieren wollten, sondern weil die Frauen sich unbewußt zurückgezogen hatten.

In Gesprächen mit Ehepaaren ertappe ich mich manchmal dabei, daß auch ich geneigt bin, den Einsatz des Ehemannes höher zu bewerten als den Beitrag der Frau.

Als das erste Enkelkind der Königin Juliana von den Niederlanden, Prinz Willem-Alexander, geboren wurde, rief eine Frau begeistert: »Ein Junge! Ein Kronprinz!« Später wurde bekannt, daß sich die Königin Juliana dadurch verletzt fühlte. »Wäre eine Kronprinzessin weniger wert gewesen?« Das war eine gute Frage in einem Land, das nun schon seit einigen Generationen von Königinnen regiert wird.

Das, was der Frau des Jairus an jenem Tag in Galiläa passierte, war vielleicht wenig spektakulär, hat aber eine prophetische Bedeutung für den Zweck von Jesu Kommen zur Erde. Er ist gekommen, um

Mauern niederzureißen — nicht nur zwischen Gott und Menschen, sondern auch zwischen verschiedenen Menschengruppen, die durch ihre Rasse, ihr Geschlecht oder durch finanzielle Unterschiede voneinander getrennt sind. Jesu Verhalten der Frau des Jairus gegenüber beinhaltet mehr als nur Trost im Leid. Es wirft auch sein Licht auf göttliche Prinzipien in der Beziehung zwischen Mann und Frau.

Bei seinem Tod zerbricht Jesus alle Maßstäbe, die die Menschen anlegen. Er stirbt, damit die doppelten Maßstäbe für immer abgeschafft werden.

»Und er ist darum für alle gestorben, damit, die da leben, hinfort nicht sich selbst leben, sondern dem, der für sie gestorben und auferstanden ist. Darum kennen wir von nun an niemanden mehr nach dem Fleisch.«[4]

Gott möchte, daß wir die Welt mit seinen Augen sehen. Mehr noch, er erwartet von uns, daß wir diese Perspektive auch in unserem Leben anwenden.

[4] 2. Korinther 5,15-16

Fragen zum persönlichen Studium
oder in einer Gruppe

1. Jesus hat folgende Leute das aufregende Ereignis der Totenauferweckung miterleben lassen:

   * Jairus
   * die Frau des Jairus
   * die Tochter des Jairus
   * die Jünger
   * die Trauernden

   In unserer heutigen Zeit wären sofort Reporter von Fernsehen, Rundfunk und Presse da, um über dieses außergewöhnliche Ereignis zu berichten. Versuchen Sie sich vorzustellen, Sie wären ein Reporter. Welche Fragen würden Sie stellen? Welche Antworten würden Sie erwarten? Ein Tip: Journalisten arbeiten in der Regel mit den Fragen *wer* (wer war beteiligt), *was* (was ist passiert), *wo* (wo ist es passiert), *wie* (wie ist alles gekommen) und *warum*.

2. Was beeindruckt Sie an dieser Geschichte am meisten?

Er schenkt einer Frau seine ungeteilte Aufmerksamkeit

»Und eine Frau hatte Blutfluß seit zwölf Jahren;
die hatte alles, was sie zum Leben hatte,
für die Ärzte aufgewandt und
konnte von keinem geheilt werden.
Die trat von hinten an ihn heran
und berührte den Saum seines Gewandes;
und sogleich hörte ihr Blutfluß auf.«
Lukas 8,43-44 [1]

Hoffnungslos. Gefangen. Vollkommen frustriert. So fühlt sie sich. Zwölf Jahre lang ist sie von einem Arzt zum anderen gelaufen und hat ihr letztes Geld dafür ausgegeben. Unglücklicherweise ohne Ergebnis. Ihre Beschwerden haben sich nur verstärkt. Medizinisch gesehen ist sie ein hoffnungsloser Fall.

Einhundertundvierundvierzig Monate. Mehr als viertausend Tage und Nächte dauert ihr Blutfluß schon an. Sie fühlt sich immer schwächer und wird immer müder.

In den Augen der Juden ist dies eine sehr demütigende Krankheit, obwohl sie zur Zeit Jesu keine Seltenheit war. Neben Medikamenten wird sie mit

[1] Lesen Sie Matthäus 9,20-22; Markus 5,25-34 und Lukas 8,43-48.

Mitteln behandelt, die auf purem Aberglauben beruhen, zum Beispiel wird die Asche eines Straußeneis auf dem Körper des Patienten verteilt.

Wieviele gutgemeinte Ratschläge hat sie über die Jahre hinweg schon befolgt! Immer wieder flackerte neue Hoffnung auf, und wurde enttäuscht.

Die Krankheit hat die ganze physische und psychische Kraft der Frau und ihre finanziellen Mittel aufgezehrt. Krank, arm und einsam — das ist ihre Situation. Zur Zeit Jesu gab es noch keine Krankenversicherung oder soziale Mittel für die Kranken. Das Ergebnis ist die totale Isolation.

Ihre Probleme sind nicht nur körperlicher, emotionaler und finanzieller Natur. Ihre Krankheit ist auch eine Gefahr für ihr geistliches Leben. Die Juden sehen einen Zusammenhang zwischen Krankheit und Sünde. Ist jemand krank? Dann ist er in ihren Augen ein Sünder. Die Jünger Jesu sehen das genauso. Als sie einen blinden Mann treffen, fragen sie: »Meister, wer hat gesündigt, dieser oder seine Eltern?«[2]

Die Krankheit der Frau ist besonders schlimm, weil das jüdische Gesetz einen solchen Kranken für unrein erklärt. Die Frau ist dazu verdammt, in der Abgeschiedenheit zu leben.[3] Sie darf nicht im Frauenteil der Synagoge erscheinen. Am Sabbath darf sie nicht mit den anderen am Verlesen des Gesetzes teilnehmen. Wenn andere Frauen an jüdischen Festtagen mit ihren Verwandten nach Jerusalem reisen, bleibt sie zu Hause. Wie einsam ist sie geworden!

[2] Johannes 9,2
[2] 3. Mose 15,19-30

Für einige jüdische Frauen in unserer heutigen Zeit hat sich wenig geändert. Jüdische Frauen in Äthiopien mußten noch 1985 während ihrer monatlichen »Unreinheit« in kleinen Hütten am Rande ihres Dorfes leben. Ihr Territorium ist mit Steinen markiert. Sie dürfen es nicht verlassen. Die Männer dürfen sich diesem Territorium nicht nähern.[4]

Ein soziales Leben ist für diese jüdische Frau des ersten Jahrhunderts also unmöglich. Sie kann nicht mal eben bei ihren Nachbarn oder Verwandten reinschauen, weil alles, was sie berührt, unrein wird. Sie vermißt das tägliche Treffen mit den anderen Frauen am Brunnen, wo sie den neuesten Dorfklatsch austauschen. Sie ist kaum besser dran als die Leprakranken, die buchstäblich aus der Gesellschaft ausgestoßen sind. In bezug auf Einsamkeit sieht es in ihrem Leben nur wenig besser aus.

Ob sie wohl verheiratet ist? Dann muß sie sich auch von ihrem Mann fernhalten. Es ist unmöglich, ein normales Eheleben zu führen. Falls sie nicht verheiratet ist, hat sie nur wenig Aussichten auf eine Ehe und damit auf männliche Unterstützung.

Ihre Situation wird erschwert durch die fehlenden Mittel für die Körperpflege. Sie muß ohne Badewanne, Deodorants und andere Dinge auskommen, die für die Frauen heute selbstverständlich geworden sind. Zweifellos befindet sie sich in einer mißlichen Lage.

---

[4] *Trouw* (Zeitung in den Niederlanden) 1/26/85, S. 23.
[5] 4. Mose 12,10-15

Eines Tages nun hört diese Frau von einem Mann mit Namen Jesus. Es hat den Anschein, als sei er ein Bote Gottes für sein Volk. Durch Jesus erinnert sich das Volk an die Zeit der Propheten und die Wunder, die sie getan haben. Miriam, eine der bemerkenswertesten Frauen ihres Volkes, und der syrische Offizier Naeman[6] sind beide von unheilbaren Krankheiten geheilt worden. Und jetzt vollbringt Jesus von Nazareth solche Wunder. Die Heilung des von Dämonen besessenen Mannes auf der anderen Seite des Sees im Land der Gerasener und die zweitausend Schweine, die danach ertrunken sind, sind die Sensation im ganzen Bezirk.

Ihre Krankheit hat ihr vieles genommen, aber nicht ihren Glauben. In diesen leidvollen zwölf Jahren ist ihr Glaube nicht erschüttert worden. Sie vertraut darauf, daß Jesus sie von ihrem Problem befreien kann und will. Aber da gibt es noch einige Fragen.

Als erstes die praktische Seite. Wird sie die Kraft haben, zu Jesus zu gehen? Ob ihr geschwächter Körper es wohl schafft, sich durch die Menge zu drängen, um ihn zu erreichen? Vielleicht erkennen sie die Zuschauer und lassen sie nicht durch? Vielleicht sind die Jünger aber auch der Meinung, daß sie Jesus nur unnötig aufhält und lassen sie nicht zu ihm. Sie, die Unreine, darf sich nicht unter die Gesunden mischen. Sie ist eine Gefahr für sie.

Aber da ist noch eine viel wichtigere Frage. Sie ist nicht nur krank, sie ist auch eine Frau. Pflichtbe-

[6] 2. Könige 5,1-15

wußte Rabbis verbieten ihren Kollegen, eine Frau in der Öffentlichkeit zu grüßen. Ein Rabbi darf in der Öffentlichkeit nicht einmal mit seiner eigenen Frau, seiner Tochter oder seiner Schwester sprechen. Es gibt sogar Pharisäer, die eine Frau auf der Straße nicht einmal sehen wollen. Wenn diese Männer eine Frau treffen, schließen sie ihre Augen und gehen blindlings ins nächste Haus. Ein Rabbi, der sich auf der Straße mit einer Frau unterhält, bringt seinen guten Ruf in Gefahr! Wenn Jesus genauso ist, hat sie keine Chance. Ob Jesus wohl wie die geistlichen Führer ihres Volkes reagieren wird, oder ob er anders ist? Jesus hat schon so viele Männer geheilt. Ob er sich wohl auch um Frauen kümmert? Tatsächlich hat er die Schwiegermutter von Petrus geheilt, doch das war etwas anderes. Die Jünger hatten ihn darum gebeten.

Um diese arme Frau jedoch kümmert sich niemand. Sie hat keine Freunde, die sie zu Jesus bringen. Sie muß ganz allein gehen.

Die Schwierigkeiten sind groß, aber nicht unüberwindlich. Lange Krankheit führt leicht zu Entmutigung und Apathie, aber sie kann auch Glauben, Mut und Einsicht bewirken. Genau das ist bei der Frau eingetreten. Ihr Leiden stärkt ihren Glauben und Mut. Vielleicht spürt sie intuitiv, daß Jesu Verhalten Frauen gegenüber so ist, wie Gott es ursprünglich gewollt hat. Es lag nicht in Gottes Willen, daß ein so großer Unterschied zwischen Männern und Frauen besteht.[7]

[7] Galater 3,28

Not macht erfinderisch. Trotz ihres Glaubens und ihres Mutes bleibt die Frau bescheiden. Sie erwartet nicht, daß Jesus sie zu Hause besucht oder daß er sie anspricht. Sie bleibt vielmehr anonym. Natürlich spielt auch eine Rolle, daß sie zu schüchtern ist, um offen über ihr Problem zu sprechen. Ihr kommt also die Idee, Jesus von hinten zu berühren. Sie wird ihn, den Rabbi, auch von hinten erkennen, trägt er doch weiße Quasten an seinem Gewand.

Langsam schiebt sie sich nach vorn. Um sie herum sind nur drängelnde Menschen. Neben Jesus geht Jairus, der Vorsteher der Synagoge. Er ist der Letzte, dem sie in dem Augenblick begegnen möchte! Jairus repräsentiert das Gesetz; er kann ihre Pläne vollkommen zunichte machen. Es erfordert Mut, weiterzugehen.

Als sie immer näher an Jesus herankommt, wird sie magnetisch von ihm angezogen. Sie kann es. Sie wird nicht wieder zurückgehen. Schnell streckt sie die Hand aus und rührt Jesus an. Im selben Moment durchströmt sie eine Kraft, wie sie sie nie gekannt hat. Es ist, als ob ihr Herzschlag aussetzte. Das Wunder ist geschehen. Ihre Blutung ist gestillt! In den langen Jahren ihrer Krankheit hat sie gelernt, auf ihren Körper zu hören. Kein Zweifel: Sie ist gesund!

Jetzt dreht Jesus sich um. Sein Blick wandert über die Menge. Er fragt: »Wer hat mich berührt?«

Die Jünger finden diese Frage etwas seltsam. Petrus, der immer eine Antwort parat hat, spricht aus, was die anderen denken: »Meister, das Volk drängt und drückt dich.« Damit deutet er an, daß er Jesu Frage für etwas töricht hält, da so viele Menschen in der Menge ihn berühren.

Jesus antwortet: »Es hat mich jemand berührt; denn ich habe gespürt, daß eine Kraft von mir ausgegangen ist.«

Die Frau ist nun gezwungen, ihre Schüchternheit zu überwinden. Nervös, am ganzen Leibe zitternd, tritt sie vor. Die Freude über ihre Heilung verwandelt sich in Furcht. Wird der Herr diese so listig erschlichene Heilung wieder rückgängig machen? Wird sie wieder eine Enttäuschung erleben? Nach dem Gesetz ist Jesus jetzt auch unrein, nachdem er von dieser Frau berührt worden ist. Ob sie wohl dafür bestraft werden wird?

Jetzt steht sie vor ihrem Herrn. In seinen Augen liest sie keine Mißbilligung wegen ihrer Unreinheit, sondern nur Verständnis und Liebe. Sie spürt keine Zurückweisung, weil sie eine Frau ist; im Gegenteil, sie fühlt sich angenommen.

Nun zeigt sich, daß Jesus wirklich vollkommen anders ist als die anderen religiösen Führer seiner Zeit. Die Zuschauer sind erstaunt, daß dieser Rabbi mit dieser Frau genauso umgeht wie mit einem Mann. Das ist etwas Neues. Er begegnet ihr nicht weniger aufmerksam als dem respektierten Jairus, der befürchtet, daß diese Verzögerung eine Katastrophe für seine todkranke Tochter ist. Aber er wird nicht um seine Einwilligung gebeten.

Die Frau hat das Gefühl, von diesem freundlichen Rabbi auf Herz und Nieren geprüft zu werden. Sie vergißt alles um sich herum. Die Menge — sie nimmt sie nicht wahr. Jairus — auch er beunruhigt sie nicht. Sie sieht nur Jesus — Jesus allein. Sie kann sich nur demütig und ehrerbietig vor ihm beugen. Er

nimmt ihre Ehrerbietung entgegen, weil sie ihm recht-
mäßig auch zusteht. Er ist der Sohn Gottes, Gott selbst.

Dann brechen lang aufgestaute Gefühle hervor.
Sie erzählt ihm die ganze Wahrheit: das ganze Leid,
das sie durchgemacht hat, die Zurückweisung durch
ihr Volk und ihr eigener Ekel vor sich selbst. Ihre
große Einsamkeit, Entmutigung, Sorge und Wut — sie
spricht alles aus. Nie zuvor hat sie jemanden getroffen, der ihr so aufmerksam zugehört hat.

Sie, eine Frau, spricht auf der Straße mit einem
Mann über das, was sie im tiefsten Innern bewegt, vor
den Ohren von neugierigen Zuschauern. Endlich ist
jemand da, der versteht, wie sehr sie gelitten hat.

Der große Arzt läßt sie sprechen. Es tut ihr gut,
all das in Worte zu fassen und auch persönliches Ver-
sagen zuzugeben. Das reinigt ihren Geist, so, wie ihr
Körper rein geworden ist. Auge in Auge mit dem Heiland der Welt wird sie in jeder Beziehung ein neuer
Mensch.

»Dein Glaube hat dir geholfen.« Er hat sie heil
gemacht. Ein zerbrochenes Leben ist wieder heil geworden an Körper, Seele und Geist.

»Gehe hin in Frieden.« Mit dem Versprechen,
daß die Heilung der Frau vollkommen und dauerhaft
ist, erneuert Jesus sie in allen ihren Beziehungen: in
ihrer Beziehung zu Gott und zu ihren Mitmenschen.
Alle Frauen, doch ganz besonders diejenigen, die
große Einsamkeit erfahren haben, brauchen diese
Bestätigung.

Jesus befreit die Frau von ihrer Vergangenheit
und gibt ihr eine neue Zukunft. Diese Bestätigung
ihrer Heilung hat ihr den Weg in die Gesellschaft wie-

der neu geöffnet. Den Menschen in der Stadt sagt Jesus damit: Ihr sollt sie nicht länger meiden. Dem Vorsteher der Synagoge sagt er: Du mußt sie in den Gottesdiensten wieder freundlich willkommen heißen. Weil der Sohn Gottes sie frei gemacht hat, ist sie wirklich frei.[8]

Die Frau, die sich mit einer stillschweigenden Heilung zufrieden gegeben hätte, bekommt viel mehr, als sie erwartet hat. Wir wissen nicht, was aus ihr geworden ist, und wie sich ihre Heilung ausgewirkt hat. Vielleicht hat sie sich ja den Frauen angeschlossen, die Jesus nachgefolgt sind, vielleicht ist sie aber auch in ihrer Heimatstadt geblieben.

So, wie sie aus der Anonymität herausgetreten ist, kehrt sie auch in die Anonymität zurück. Sie weiß nichts davon, daß sie die einzige Frau in der Bibel ist, die selbst die Initiative ergriffen hat, sich von Jesus heilen zu lassen.

Ohne Zweifel gab es in Israel viele kranke Frauen. Wir lesen nur von wenigen, die geheilt wurden, und gewöhnlich wurden sie von anderen zu Jesus gebracht. Frauen wagen es nicht so oft, sich an Jesus zu wenden. Sie lassen sich von der vorherrschenden öffentlichen Meinung und von alten Traditionen in Schach halten. Doch diese Frau begreift, daß der Herr gekommen ist, um ungerechte Rollenverteilungen und althergebrachte Tabus abzuschaffen, daß er die Menschen nach ihrem Glauben beurteilt und nicht nach ihrem Geschlecht. Dadurch ist sie ein zeitloses Vorbild für alle Frauen.

[8] Johannes 8,36

Heutzutage würden wir sagen, daß diese Frau ein gesundes Selbstwertgefühl hat und daraus bestimmte positive Schlußfolgerungen ziehen kann. Sie ist ein Vorbild für das, was Glaube, Mut und ein angemessenes Selbstwertgefühl bewirken kann. Ihre Geschichte zeigt, daß Jesus eine solche Haltung honoriert, vorausgesetzt, sie basiert auf Glauben.

Ob die Männer unter den Zuschauern, Jairus und die Jünger wohl das Ausmaß dessen begreifen, was hier geschehen ist? Begreifen sie, daß mehr als eine Heilung geschehen ist? Jesus zeigt hier, wie Männer und Frauen miteinander umgehen sollten. Die gute Nachricht, die überall in der Welt verkündigt werden soll, ist eine Botschaft, die die Menschen befreit — auch die Frauen. Möglichkeiten der Selbstverwirklichung bestehen für alle, für Männer und für Frauen, vorausgesetzt, daß sie eine persönliche Begegnung mit Jesus Christus haben.

Eine objektive Beurteilung der letzten zweitausend Jahre der Menschheitsgeschichte führt zu dem Schluß, daß noch ein weiter Weg vor uns liegt. Männer und Frauen werden noch immer an zweierlei Maßstäben gemessen. Ein Mitglied des holländischen Parlaments mußte das erleben, als sie mit einigen männlichen Kollegen von einer Konferenz über einseitige Abrüstung aus der französischen Hauptstadt zurückkehrte.

»Wo kommen Sie her?«, fragte der Zollbeamte.

»Aus Paris«, antwortete sie.

»Und, kleine Dame, haben Sie schön eingekauft?« fragte der Mann.

Für Männer und Frauen ist es gleich wichtig, daß

diese Geschichte in der Bibel aufgezeichnet ist. Schon auf den ersten Seiten der Bibel sagt Gott, daß er Männer und Frauen gleich geschaffen und füreinander bestimmt hat. Die Tradition hat dieses ursprüngliche Konzept unter einer dicken Staubschicht versteckt. Jesus durchbricht die verdrehten Rollenverteilungen und verhält sich entsprechend dem ursprünglichen Plan Gottes.

Fragen zum persönlichen Studium oder in einer Gruppe

1. Welcher Zusammenhang besteht im Alten Testament zwischen Krankheit und Gehorsam Gott gegenüber (5. Mose 28,1-2; 15,21-22)?

2. Was sagt Jesus in Johannes 9,1-3 und 11,4 über den Zweck von Krankheit und Leiden? Können Sie Beispiele geben, wo dies in der Zeit Jesu auf Erden geschieht?

3. Zählen Sie auf, welche Schwierigkeiten die Frau überwinden mußte, um sich durch die Menge zu Jesus hindurchzudrängen und Jesus zu berühren.

4. Diese Frau »sagte [Jesus] die ganze Wahrheit« (Markus 5,33). Was hat sie Ihrer Meinung nach bei ihrer Begegnung mit Jesus gesagt und erfahren?

5. Was hat, nach dem, was Jesus sagt, ihre Heilung bewirkt? Können Sie andere Beispiele für dieses Phänomen nennen?

6. Was können wir, Männer und Frauen gleichermaßen, von dieser Geschichte lernen?

Er mißt nicht mit zweierlei Maß

»Aber die Schriftgelehrten und Pharisäer
brachten eine Frau zu ihm, beim Ehebruch ergriffen,
und stellten sie in die Mitte und sprachen zu ihm:
Meister, diese Frau ist auf frischer Tat
beim Ehebruch ergriffen worden.
Mose aber hat uns im Gesetz geboten,
solche Frauen zu steinigen. Was sagst du?«
Johannes 8, 3-5 [1]

Das Laubhüttenfest, eines der höchsten jüdischen
Feste, ist gerade zu Ende gegangen. Jeder Jude, der
im Umkreis von 25 Kilometern um die heilige Stadt
Jerusalem wohnt, ist verpflichtet, daran teilzunehmen. Das jährliche Erntedankfest dauert eine Woche,
und die ganze Familie beteiligt sich daran.

Bei dem Fest gibt Jesus wunderbare Verspre-
chen. Alle, die an ihn glauben, sollen den Heiligen
Geist empfangen, und große Freude wird sie erfüllen.
Dann werden sie auch andere an ihrer Freude teil-
haben lassen. Ihr Leib soll eine Quelle sein, von dem
Ströme lebendigen Wassers fließen werden. [2]

[1] Lesen Sie Johannes 8, 2-11. (Der Bericht Johannes 7, 53-8, 11 ist
in den älteren Übersetzungen nicht enthalten; bei einigen steht
er in Klammern oder in einer Fußnote.)
[2] Johannes 7, 37-39

Viele kommen zu der Überzeugung, daß Jesus der verheißene Messias ist. Andere bleiben kritisch und zweifeln. Beide Gruppen sind im Tempelhof versammelt. Sie sind gespannt, was Jesus zu sagen hat. Die religiösen Führer lehnen Jesus ab. Der Durst nach Gott und die Sehnsucht nach dem Heiligen Geist ist den meisten von ihnen fremd. Im Gegenteil, ihre Abneigung und Verbitterung Jesus gegenüber wächst von Stunde zu Stunde. Sie haben nur den einen Gedanken: Jesus muß verschwinden. Seine Stimme muß zum Schweigen gebracht werden.

In dieser Situation wird eine Frau zu Jesus gebracht, die beim Ehebruch ertappt worden ist. Sie weiß nicht, daß die religiösen Führer sie dazu benutzen, Jesus eine Falle zu stellen. Die harten, verschlossenen Gesichter, die sie in den Tempelhof zerren, verheißen nichts Gutes. Ich habe alle gegen mich, denkt sie. Gut, sie ist beim Ehebruch erwischt worden. Aber warum macht man daraus eine solche Staatsaktion?

Die Bestimmungen in bezug auf Ehebruch im Gesetz sind eindeutig, obwohl nur selten danach verfahren wird — wieder ein Beispiel für die pharisäische Heuchelei. Die Schriftgelehrten und die Pharisäer zerren die Frau durch die Menge und stellen sie vor Jesus.

»Meister, diese Frau ist auf frischer Tat beim Ehebruch ergriffen worden. Mose aber hat uns im Gesetz geboten, solche Frauen zu steinigen. Was sagst du?«

Ihre Worte sind kalt und herzlos. Natürlich haben sie recht. Nach dem Gesetz muß die Frau sterben. Nach dem Gesetz hat sie ein Unrecht begangen und muß bestraft werden. Das Motiv dieser Männer ist jedoch nicht in erster Linie ihre Ehrfurcht vor dem Gesetz. Die Sünde der Frau ist für sie zweitrangig. Sie gebrauchen sie nur als eine Schachfigur, mit der sie Jesus schachmatt setzen wollen.

Die Heuchelei dieser religiösen Führer ist offensichtlich. Sie weisen auf ein Gesetz hin, dem sie sonst nur wenig Beachtung schenken. Das Leben dieser Frau ist ihnen so wenig wert, daß sie kaltblütig ihren Tod planen, damit sie ihrem Haß auf Jesus freien Lauf lassen können.

Es ist ein listiger Plan. Wie soll Jesus reagieren? Sie wollen ihn mit seinen eigenen Worten fangen. Wenn er sagt: ja, steinigt sie, kommt er in Konflikt mit dem römischen Gesetz, das den Juden verbietet, ein Todesurteil zu vollstrecken. Auch verliert er dann seinen guten Ruf als ein Freund des Volkes und der Unterdrückten. Aber wenn er sagt: nein, begnadigt sie, dann verstößt er damit gegen das Gesetz des Mose. Jesus, der den Juden vorwirft, das Gesetz zu vernachlässigen, kann nicht selbst unterlassen, was er von anderen erwartet.

Sie sind schlechte Führer. Sie behandeln das Volk als »Sache«, die man manipulieren kann. Selbst Jesus kann ihnen nicht entkommen. Als Schriftgelehrte, die bei Unstimmigkeiten um Rat gefragt werden, besitzen sie eine gewisse Autorität. Aber sie üben sie ohne Verständnis und Mitleid für andere aus. Wahre Autorität versucht herauszufinden, warum etwas Falsches getan wurde, und wie der Betreffende zurechtgebracht werden kann. Davon ist hier nichts zu spüren. Im Gegenteil, diese Männer benehmen sich wie moralische Wachhunde. Sie versuchen, den Sünder zu zerreißen, anstatt ihn zur Herde zurückzubringen. Die Gefühle der Frau sind ihnen vollkommen unwichtig.

Als der bekannte englische Evangelist George Whitefield einen Verbrecher auf dem Weg zum Galgen sah, sagte er: »Da ginge ich jetzt auch, wenn nicht die Gnade Gottes mich gerettet hätte.« Dieses Einfühlungsvermögen in die Not der anderen, ist den jüdischen Lehrern fremd.

Die Tatsache, daß die Beschuldigte eine Frau ist, bestärkt sie sicherlich in ihrem menschenverachtenden Verhalten. Solche offene Mißachtung der menschlichen Würde ist leider auch nach zweitausend Jahren immer noch nicht ausgemerzt. Paul Tournier ist der Meinung, daß Männer die Frau häufig immer noch nicht als Person sehen. Er schreibt: »Tatsache ist, daß sie oft als Sache behandelt wird. Die Männer sind eher bereit, sie zu manipulieren, als eine gleichberechtigte Beziehung zu ihr aufzubauen.« [3]

Jesus ist anders. Ihm kann man nicht vorwerfen, er habe kein Verständnis für die Unterdrückten oder ungerecht Behandelten. Er ist nicht der Meinung, eine Frau sei weniger wert als ein Mann. Das schnelle Urteil, auf das die Ankläger hoffen, läßt auf sich warten.

Jesus sagt nichts ... bückt sich ... schaut zu Boden und schreibt.

Einige sind der Meinung, Jesus verberge sein Gesicht aus Scham. Die Menschenverachtung, mit

[3] Paul Tournier, *The Gift of Feeling*, S. 12, 28.

der diese Männer der Frau begegnen, tut Jesus weh. Er leidet unter der Verständnislosigkeit und Mitleidslosigkeit derjenigen, die so viel Verantwortung tragen. Es schmerzt ihn zu sehen, daß die religiösen Führer seinem Beispiel nicht folgen und Frauen nicht mit dem ihnen gebührenden Respekt begegnen.

Der Haß auf Jesus und ihre Menschenverachtung lassen diese Männer einen doppelten Maßstab anwenden. Das führt zu einer einseitigen Interpretation des Gesetzes. Das Gesetz des Mose schreibt vor, daß der Mann und die Frau, die sich des Ehebruchs schuldig gemacht haben, zusammen vor der Stadt gesteinigt werden. *Beide* sind also schuldig.

Die Interpretation des Gesetzes, die bei dieser Frau angewendet wird, ist heuchlerisch, hart und kurzsichtig. Diese Frau kann vieles tun: Sie kann allein lügen, stehlen und sogar morden. Aber sie kann nicht allein Ehebruch begehen. Wie beim Tennis- oder Schachspielen gibt es zwei Beteiligte beim Geschlechtsverkehr. Daß die Führer der Nation diese Tatsache in ihrer Verbohrtheit übersehen, ist bemerkenswert.

Direkt nach diesem Zwischenfall sagt Jesus von sich: »Ich bin das Licht der Welt.« Dieses Licht deckt die Selbstgerechtigkeit der Pharisäer und Schriftgelehrten auf.

Es erhellt aber auch das Leben dieser Frau. Jesus weiß, was oder wer sie zum Ehebruch veranlaßt hat. Er weiß, ob sie es aus Einsamkeit oder Vernachlässigung getan hat. Vielleicht wollte sie aus einer Ehe mit einem Mann flüchten, den sie nicht liebt? In vielen Ländern ist das immer noch der Fall. Im Osten wird um ein Mädchen noch gehandelt. Ihr Vater, Bruder oder Onkel setzt sich mit dem Heiratsvermittler zusammen. Die Zustimmung der Braut ist nebensächlich. König Saul verheiratete zwei Töchter, ohne sie zu fragen.[4]

Allerlei Vermutungen können angestellt werden, warum Jesus nichts sagt. Vielleicht möchte er Zeit gewinnen. Vielleicht spricht er aber auch mit seinem himmlischen Vater. Nur wenig später sagt er: »Ich richte niemand. Wenn ich aber richte, so ist mein Richten gerecht; denn ich bin's nicht allein, sondern ich und der Vater, der mich gesandt hat.«[5] Auf jeden Fall haben die Ankläger in dieser Zeit Gelegenheit, sich alles noch einmal durch den Kopf gehen zu lassen — wovon sie keinen Gebrauch machen.

Es gibt auch viele Mutmaßungen über das, was Jesus in den Sand schreibt. Interessant ist die armenische Übersetzung: »Er selbst schrieb mit gesenktem Kopf auf die Erde ihre Sünden; und sie lasen ihre Sünden auf den Steinen.«[6]

Schließlich richtet er sich auf und sagt: »Wer unter euch ohne Sünde ist, der werfe den ersten Stein auf sie.« Steine gibt es in Israel überall. Die Frau befürchtet, daß ihre letzte Stunde gekommen ist. Kleine, spitze Steine werden ihre Haut aufritzen, dicke Steine werden ihr die Knochen brechen.

[4] 1. Samuel 18,17-27
[5] Johannes 8,15-16
[6] William Barclay, *Auslegung des Neuen Testaments,* »Johannes-Evangelium«, Band 2, S. 3.

Doch plötzlich wird offenbar, daß die religiösen Führer Maßstäbe angelegt haben, vor denen sie selbst nicht bestehen können. Sie wenden Gesetze an, die sie selbst nicht halten. Niemand von ihnen ist ohne Schuld. Selbst der Älteste hat kein reines Gewissen. Er geht als erster. Ihm folgen nach und nach die anderen. Sie sind verlegen. Wenn die Wahrheit über sie ans Licht käme, würden sie gerichtet werden, und es gäbe einige Tote. Jemand gab diesem Abschnitt bezeichnenderweise den Titel: »Jesus und die ehebrecherischen Männer.«

In der Zwischenzeit fängt Jesus wieder an zu schreiben. Als er aufschaut, ist die Frau mit ihm allein.

»Wo sind sie, Frau? Hat dich niemand verdammt?« Es ist das erste Mal, daß er die Frau anspricht.

»Niemand, Herr.«

»So verdamme ich dich auch nicht; geh hin und sündige hinfort nicht mehr.«

Der einzige, der ein Recht hat, sie zu verurteilen – denn er ist ohne Sünde – läßt sie gehen. Gleichzeitig bringt er sie auf den rechten Weg zurück. Wer immer die Schlußfolgerung daraus zieht, Jesus nehme die Sünde auf die leichte Schulter, hat unrecht. Seine Ermahnung, hinfort nicht mehr zu sündigen, ist Beweis genug. In seinen Augen ist ihr Ehebruch keine tolerierte Schwäche und auch kein Anpassen an eine freie Moral. Für ihn ist es *Sünde*.

In seiner Lehre läßt Jesus keinen Zweifel über seine Einstellung in bezug auf die Reinheit und Unauflösbarkeit der Ehe aufkommen. Er hat mehrmals mit Frauen zu tun, die des Ehebruchs bezichtigt werden (die samaritische Frau und die Frau im Hause Simons, des Pharisäers). In all diesen Fällen ist Jesu Haltung weder überheblich noch herablassend. Er unterscheidet klar zwischen der Sünde, die verurteilt werden muß, und dem Sünder, dem er verständnisvoll begegnet.

Bemerkenswert ist auch, daß er ihr sexuelles Mißverhalten nicht verurteilt. Er mißbilligt jede Sünde. Doch das Gesetz der Liebe wirkt durch ihn und bringt die Menschen dahin, daß sie ihre Sünden bereuen und glauben.

»Geh hin und sündige hinfort nicht mehr.« Kürzer und allumfassender kann man kaum eine Vergebung aussprechen. Dieser Satz spricht das unrechte und inakzeptable Wesen der Sünde an, eröffnet aber gleichzeitig eine Perspektive auf Vergebung und eine neue Zukunft. Jesus warnt davor, wieder in das alte Leben zurückzufallen. Diese Begegnung verdeutlicht: Jesus lehnt zweierlei Maßstäbe ab, und möchte Männer und Frauen gleich behandelt sehen.

Kurz nach diesem Ereignis wird ein Kreuz auf Golgatha errichtet. Dort stirbt Jesus, um die Beziehung zwischen Gott und Mensch, zwischen den Menschen untereinander und zwischen Mann und Frau wiederherzustellen. Doch was hat die Welt, und besonders die Kirche, daraus gelernt?

Vor einigen Jahren erschien in Israel ein Ehepaar vor einem rabbinischen Gericht in Tel Aviv, um seine Ehe auflösen zu lassen. Dies geschah auf die Bitte der Frau hin, nachdem ihr Mann ihr lange Zeit und in aller Öffentlichkeit untreu gewesen war.

In ihrem Buch *Or Did I Dream a Dream?* [7] berichtet Ruth Dayan, die Ex-Frau des späteren israelischen Generals Moshe Dayan, von dieser für sie als Frau äußerst demütigenden Zeremonie. Sie, die Unschuldige, wurde als unglaubwürdig zurückgewiesen und mußte ihrem untreuen Ehemann alle möglichen Versprechungen machen. Er, der Schuldige, brauchte ihr keinerlei Versprechungen zu geben. Bis vor kurzem wurden die Männer weit weniger für sexuelles Mißverhalten kritisiert als die Frauen.

Und nicht nur in Israel. Kürzlich sagte ein junger Mann im holländischen Fernsehen, als er über die Treue in der Ehe sprach: »Ich möchte schon, daß meine Frau monogam lebt. Mir selbst räume ich etwas mehr Spielraum ein.«

Dieses Messen mit zweierlei Maß ist auch ein Verstoß gegen die Menschenrechte. Indem ein Mann eine Frau herabsetzt, diskriminiert er sich selbst.

Welchen Eindruck hinterläßt diese Geschichte bei Christen, bei denen von uns, die sich Jünger Jesu nennen? Wie reagieren wir darauf? Auf diese Frage gibt es keine übereinstimmende Antwort. Doch als verantwortungsbewußte Männer und Frauen müssen wir uns mit dieser Frage auseinandersetzen, und dürfen dabei Jesu Einstellung nicht außer acht lassen.

---

[7] Ruth Dayan und Helga Dudman, Or Did I Dream a Dream?, London, Weidenfeld und Nicolson, 1973.

Fragen zum persönlichen Studium
oder in einer Gruppe

1. Wie hat Jesus über die Pharisäer gesprochen und warum (Matthäus 23,13-15; 23,33)?

2. Was genau sagt das jüdische Gesetz über Ehebruch aus? Wer ist als erster genannt, der Mann oder die Frau (3. Mose 20,10; 5. Mose 22,22-24)?

3. In welcher Beziehung wird hier mit zweierlei Maß gemessen? Wie sollten die Gesetze Gottes angewendet werden?

4. Was sagt die Bibel über die Reinheit und Unauflösbarkeit der Ehe aus (2. Mose 20,14; 1. Korinther 6,13-16; Hebräer 13,4)?

5. Was fällt Ihnen besonders an dieser Geschichte auf?

6. In welcher Beziehung messen Frauen und Männer heutzutage mit zweierlei Maß? Welches ist die Grundlage für Ihre Perspektive? Wie können wir unseren Maßstab mehr an Jesu Verhalten orientieren?

Er erkennt den Wert einer Frau

»Sollte dann nicht diese,
die doch Abrahams Tochter ist,
die der Satan schon achtzehn Jahre
gebunden hatte, am Sabbat
von dieser Fessel gelöst werden?«
Lukas 13,16[1]

Sabbat, irgendwo in einer Synagoge in Israel. Es ist das letzte Mal, daß wir Jesus hier treffen, seine letzte Reise nach Jerusalem. Jeder Schritt bringt ihn der Kreuzigung näher. Trotz seines immer näher rückenden Todes verschließt Jesus seine Augen nicht vor den Bedürfnissen der Menschen um ihn herum.

Plötzlich bricht Jesus mitten im Reden ab. Er entdeckt eine verkrüppelte Frau, die ganz hinten in dem Teil sitzt, der für die Frauen reserviert ist. Durch eine Rückgratverkrümmung ist es ihr unmöglich, längere Zeit aufrecht zu stehen. Die Gesichter der Menschen um sie herum sind ihr nicht mehr vertraut. Man kennt den Umriß ihres Halses und ihrer Schultern besser als ihre Gesichtszüge. Ihr Leiden hat vor achtzehn Jahren begonnen und sich seither ständig verschlimmert.

[1] Lesen Sie Lukas 13,10-17.

Zu jedermanns Erstaunen spricht Jesus diese Frau direkt und persönlich an. »Frau, sei frei von deiner Krankheit!« Ob Jesus zu ihr hingeht oder sie zu sich nach vorne ruft, wird nicht berichtet. Es ist auch nicht wichtig. Doch in dem Moment, wo er seine Hand auf ihren Rücken legt, streckt sie sich. Sie kann wieder aufrecht stehen! Was sie als erstes sieht, sind nicht die Gesichter der Menschen, die Baumkronen oder der blaue Himmel — Dinge, die sie seit langer Zeit nicht mehr betrachten konnte. Als erstes blickt sie in Jesu Gesicht. Dort sieht sie Liebe, Mitleid und Einfühlungsvermögen. Dort entdeckt sie auch die Heiligkeit Gottes. Ihre Reaktion ist die einzig richtige. Sie dankt Gott und ehrt ihn für das, was er an ihr getan hat!

Die Krankheit hat ihr viele Jahre ihres Lebens gestohlen. Die Zeit war angefüllt mit Schmerzen und Angst vor einer unsicheren Zukunft. Wie jeden Juden beschäftigte auch sie die Frage nach dem Zusammenhang von Krankheit und Sünde. Doch ihr Leiden hat sie nicht verbittert gemacht oder ihre Beziehung zu Gott gestört. Trotz ihrer Schmerzen ist sie an diesem Samstagmorgen in die Synagoge gekommen. Wir haben keinen Grund anzunehmen, sie hätte gewußt, daß Jesus da ist und sie heilen würde. Sie nimmt ihre Heilung als ein Geschenk an, das sie nicht erwartet hat.

Das Wunder geschieht in einer Versammlung von gläubigen Juden, in der Gott geehrt werden sollte. Man sollte annehmen, daß die Anwesenden sich mit ihr freuen und ganz spontan in ihr Lob Gottes miteinstimmen würden. Doch es gibt Gründe für die reservierte Reaktion.

Fast drei Jahre lang reist Jesus nun schon durchs Land. Viele Kranke hat er geheilt und einige sogar von den Toten auferweckt. Er hat Tausende mit wenig Brot gespeist. Und dieser umherziehende Rabbi scheint immer bereit zu sein, sich in theologische Diskussionen mit religiösen Führern einzulassen oder Müttern mit kleinen Kindern zuzuhören. Jedem, der sich an ihn wendet, schenkt er seine ungeteilte Aufmerksamkeit. Niemand wird weggeschickt. Man sollte annehmen, Jesus könnte zumindest von den Führern des Volkes guten Willen erwarten.

Sicherlich könnten sie ihn nach seinen außerordentlichen Verdiensten beurteilen, doch sie wollen ihn nur dabei ertappen, daß er gegen das Gesetz verstößt. Ihr Sprecher ist der Vorsteher der Synagoge. Mutig schreitet er gegen diese Heilung ein. Hochmütig wagt er es, Jesus zu ermahnen. Allerdings fehlt ihm der Mut, dies offen zu tun.

»Es sind sechs Tage, an denen man arbeiten soll; an denen kommt und laßt euch heilen, aber nicht am Sabbattag«, sagt er unwillig, an niemand persönlich gerichtet. Es sind herzlose Worte, Worte, die die Würde der Frau mißachten. Sie verletzen ihre Selbstachtung.

Er spricht sie nicht persönlich an, so, als wäre sie ganz und gar unwichtig. Ob dieser Mann wohl genauso reagiert hätte, wenn statt dieser Frau zum Beispiel ein Pharisäer, mit dem er vielleicht sogar noch befreundet ist, geheilt worden wäre? Der Synagogenvorsteher übersieht auch die Tatsache, daß es Jesus war, der die Initiative zur Heilung ergriffen hat, nicht die Frau. Dieser Mann ist blind, weil er nicht sehen will.

Als Synagogenvorsteher sollte er vor allen anderen froh sein über dieses Wunder. Aber er empfindet keine Freude, daß die Schmerzen und das Leid der Frau der Vergangenheit angehören. Er freut sich nicht darüber, daß sich der Frau eine neue Zukunft eröffnet hat. Er ist auch nicht davon beeindruckt, wieviel Macht Jesus besitzt. Jesu Liebe für die Hilflosen in der Gesellschaft läßt ihn kalt. Er reagiert mit kaltem Formalismus und mit Gesetzlichkeit. Seiner Meinung nach zählt das Heilen zur Arbeit, und das ist am Sabbat verboten. Tatsächlich wirft er Jesus vor, ihm sei ein Mensch wichtiger als der Sabbat. So verdreht ist seine Auffassung vom Gesetz.

Bei den Juden bedeutet das »Gesetz« viererlei: einmal die Zehn Gebote; zum andern die fünf Bücher Mose; außerdem noch das gesamte Alte Testament und auch das überlieferte Gesetz, oder das Gesetz der Schriftgelehrten. Zur Zeit Jesu ist in der Regel das überlieferte Gesetz (später Mischna genannt) gemeint.

Die Zehn Gebote und das Alte Testament zeigen mit wenigen Ausnahmen nur grobe Richtlinien auf, an denen die Menschen ihr persönliches Leben orientieren sollen. Die Schriftgelehrten fügten noch eine enorme Menge an detaillierten Regeln und Beschränkungen hinzu, die sie für sich und andere als Gesetz ansahen. (Die Mischna ist ein Buch von achthundert Seiten. Die Erläuterungen hierzu — der Talmud — besteht aus zwölf gedruckten Jerusalem-Bänden und sechzig babylonischen!)

In den Tagen Jesu betrachteten es streng orthodoxe Juden als einen besonderen Gottesdienst, sich an unzählige, sehr technische, gesetzliche Regeln und Beschränkungen zu halten. Ihrer Meinung nach hing Leben, Tod und das ewige Leben von der Erfüllung dieser Regeln ab.

Das überlieferte Gesetz betrachtet das Heilen am Sabbat als Arbeit, die nur erlaubt ist, wenn Lebensgefahr besteht, oder es einem Patienten plötzlich schlechter geht. Dann darf ein Jude eine Wunde mit einem Stück Baumwolle verbinden, Salbe aber darf nicht verwendet werden.

Jesus wehrt sich entschieden gegen diese erfundenen Interpretationen. Er lebt nach dem Gesetz in der Form, wie es ursprünglich gedacht war, das heißt, um Gott zu ehren, und seine Mitmenschen und sich selbst zu respektieren.[2] Ihm geht es um das Leben, nicht um Formalitäten, die dazu dienen, die Menschen bei etwas Unrechtem zu ertappen. Bei einer früheren Begebenheit, als die Pharisäer Jesus bei demselben »Verstoß« erwischt hatten, antwortet er, daß es sehr wohl im Sinne des Gesetzes wäre, am Sabbat Gutes zu tun.[3] Diesen Gedanken faßt er in der Goldenen Regel zusammen: »Alles nun, was ihr wollt, daß euch die Leute tun sollen, das tut ihnen auch.«[4]

Jesus hat nur ein Wort für das, was hier geschieht: Heuchelei! »Ihr Heuchler! Bindet nicht jeder von euch am Sabbat seinen Ochsen oder seinen Esel von der Krippe los und führt ihn zur Tränke? Sollte dann nicht diese, die doch Abrahams Tochter

[2] Matthäus 22,37-40
[3] Matthäus 12,9-14
[4] Matthäus 7,12

ist, die der Satan schon achtzehn Jahre gebunden hatte, am Sabbat von dieser Fessel gelöst werden?«

Tatsächlich durften mit der Erlaubnis der Rabbis die Tiere losgebunden und getränkt werden. In diesem Land Israel, wo das Wasser knapp ist, müssen oft weite Strecken zurückgelegt werden, um die Tiere zur Tränke zu führen. Wenn das keine Arbeit ist …

Jesus formuliert seine Rüge als Frage. Der Synagogenvorsteher muß einsehen, wie willkürlich seine Empörung ist. Er muß enttarnt werden, damit er erkennt, daß er zwei vollkommen verschiedene Maßstäbe anwendet, daß er das Gesetz so auslegt, wie es ihm gerade paßt. Ein durstiges Tier in seinem Stall ist ihm wichtiger als diese Frau.

Doch die Leute müssen sich fragen, ob sie richtig verstanden haben. Hat Jesus diese Frau wirklich eine Tochter Abrahams genannt? So etwas ist bisher noch von keiner *Frau* gesagt worden!

Als Nachkommen ihres Patriarchen Abraham nennen sich die jüdischen Männer stolz Söhne Abrahams. Aber bisher wurde nie von einer Tochter Abrahams gesprochen — bis Jesus es tat. In seinen Augen verdienen Männer und Frauen dieselbe Achtung.

Abraham ist nicht nur der Vorfahre aller Juden, sondern auch der geistliche Vater aller Gläubigen. Von Abraham wird gesagt, daß er ein Freund Gottes war.

Spielt Jesus auf die Beziehung zwischen ihrer Krankheit und ihrem Glauben an? Dieser Gedanke ist den Juden nicht fremd. Im selben Atemzug spricht Jesus von der Frau als »Tochter Abrahams« und »gebunden vom Satan«. Auch dies klingt in den Ohren der Juden nicht sonderbar. Sie kennen die Geschichte von Hiob im alten Testament. Hiob, ein außergewöhnlich gottesfürchtiger Mann, hatte schrecklich unter den Angriffen des Satans zu leiden. Ist diese Situation vielleicht ähnlich?

Auch diese Frau erfährt Gottes besondere Aufmerksamkeit und Segnung, genau wie Hiob. Durch ihre Heilung wird Gottes Namen Ehre gebracht. Von den Männern ihres Landes bekommt sie weniger Aufmerksamkeit als die Tiere im Stall. Aber Jesus erwähnt sie im selben Atemzug mit Abraham!

Für die Synagogenvorsteher und die anderen wird diese Frau zu einem Zeichen. Wenn sie sie von nun an gesund und aufrecht gehen sehen, werden sie sich daran erinnern, wie Jesus gegen Heuchelei angegangen ist. Ihnen wird wieder einfallen, daß er ungleiche Behandlung haßt und an den Pranger stellt und Frauen — ganz im Gegenzug zu seiner Zeit — nicht diskriminiert.

Nach achtzehn Jahren der Krankheit und des Leidens ist es ein großes Geschenk, wieder aufrecht gehen zu können. Immer mehr wird es auch in Osteuropa modern, sich einer Kur zu unterziehen, um gesund zu werden und zu bleiben. Auch in unserer Zeit nehmen die Menschen viel auf sich, um körperlich geheilt zu werden und chronische Krankheiten zu lindern.

Für die Frau ist es genauso wichtig, ihre Selbstachtung wiederzuerlangen, wie ihre Gesundheit. Während einer langen Krankheitszeit, wenn keine Hoffnung auf Besserung besteht, ist es oft schwierig, nicht den Mut zu verlieren oder geistlich unausgeglichen zu werden. Der Schmerz greift den Körper direkt an, aber er greift auch die Seele an. Das gilt besonders für Juden, die eine Krankheit als Gottesurteil ansehen.

Ich erinnere mich an zwei Frauen, die gleichzeitig ein Tief durchleben mußten. Die eine, Schriftstellerin von Beruf, hatte ernste körperliche Probleme, die sie praktisch zur Gefangenen in ihrem eigenen Haus machten. In ihrer Arbeit war sie aber weiterhin produktiv und hoch geachtet. Die andere, eine Wissenschaftlerin, war vollkommen gesund, konnte überall hingehen, wo sie wollte, fühlte sich aber in ihrer Karriere zurückgesetzt. Als Frau war sie bei einer Beförderung übergangen worden. Sie hatte das Gefühl, daß ihr eine große Zukunft verbaut worden war.

Beide Frauen durchlebten eine schlimme Zeit. Doch ich hatte den Eindruck, daß, abgesehen von den Unterschieden in ihrer Persönlichkeitsstruktur, die eine ihre eingegrenzte Situation weniger schmerzlich empfand als die andere, weil ihr Selbstwertgefühl nicht verletzt worden war.

Auch dafür hat Jesus Verständnis. Deshalb heilt er diese verkrüppelte Frau nicht nur körperlich, sondern auch geistlich. Indem er sie eine Tochter Abrahams nennt, erkennt er ihren Wert als Person, als Gläubige, an. Und das braucht sie mehr als alles andere.

Fragen zum persönlichen Studium
oder in einer Gruppe

1. Wie hoch schätzt Gott den Wert eines Menschen ein (Psalm 8,4-8; 139,13-16; Johannes 3,16)?

2. Welche wichtige Unterscheidung macht er zwischen Mann und Frau (1. Mose 1,26-28; Römer 2,11; Galater 3,28)?

3. Was denkt Gott über die Anwendung von zweierlei Maßstäben (5. Mose 25,13-16; Sprüche 20,10)?

4. Weshalb war Abraham so außergewöhnlich (1. Mose 12,1-3; Römer 4,18-21; Hebräer 11,8-12)?

5. Woran sollte ein Sohn oder eine Tochter Abrahams zu erkennen sein (Lukas 3,8; 19,8-9)? Wodurch zeigt diese Frau, daß sie diese Eigenschaft besitzt?

6. Können Sie sich persönlich mit der Situation dieser Frau identifizieren?

Er schätzt den Verstand einer Frau

»Und siehe, eine kanaanäische Frau kam
aus diesem Gebiet und schrie:
Ach Herr, du Sohn Davids, erbarme dich meiner!
Meine Tochter wird von einem
bösen Geist übel geplagt.
Und er antwortete ihr kein Wort.«
Matthäus 15,22-23 [1]

Ob Jesus wieder einmal die Einsamkeit sucht? Schon einmal wollte er sich mit seinen Jüngern zurückziehen, aber er kam nicht zur Ruhe. Die Leute fanden heraus, wo er hinging. Als er mit dem Schiff die andere Seite des Sees erreichte, warteten sie schon auf ihn. [2]

Zum ersten Mal überquert Jesus jetzt mit seinen Jüngern die nördliche Grenze von Palästina. Sie kommen in das vorwiegend nichtjüdische Gebiet um Tyrus und Sidon. Er möchte nicht, daß jemand von seiner Anwesenheit erfährt.

In Galiläa, von wo er gerade kommt, ist er kaum zur Ruhe gekommen wegen der vielen Wunder, die er getan hat. Dadurch hat er immer mehr die Aufmerksamkeit auf sich gezogen. Auch belasteten ihn die

[1] Lesen Sie Matthäus 15,21-28 und Markus 7,24-30
[2] Markus 6,30-33

Pharisäer und Schriftgelehrten mit ihrer fortwährenden Kritik und den endlosen Disputen. In dieses nichtjüdische Land würde ihm sicher niemand folgen. Von den Juden wird es gemieden; für sie ist es unrein.

Vielleicht sehnt sich Jesus auch nach Einsamkeit, gerade angesichts seines immer näher rückenden Todes. Auf seiner letzten Reise mit seinen Jüngern nach Jerusalem möchte er sich vielleicht in aller Ruhe auf das vorbereiten, was ihm bevorsteht.

Wie auch immer, die Neuigkeit von Jesu Ankunft sickert durch. Selbst auf heidnischem Boden kann er nicht lange unerkannt bleiben. Sofort fleht eine Mutter ihn um Hilfe an. Ihre Tochter ist von einem Dämon besessen. Das Leiden einer solchen Person ist unerträglich, sowohl für sie selbst als auch für die Menschen, die in ihrer unmittelbaren Umgebung leben. Und eine Mutter leidet oft noch viel mehr als ein Kind.

Diese Mutter hat gehört, daß Jesus schon Menschen aus Tyrus und Sidon geheilt hat, als er noch in seinem eigenen Land war.[3] Die Neuigkeit von dem Mann, den er von einer Legion böser Geister befreite, hat auch sie erreicht.[4] Der Herr, der so viele geheilt hat, wird sie nicht abweisen. Dessen ist sie sich sicher.

»Ach Herr, du Sohn Davids, erbarme dich meiner!« ruft sie. Sie identifiziert sich so mit der Not ihrer Tochter, daß sie tatsächlich für sich um Hilfe bittet.

[3] Lukas 6,17-19
[4] Markus 5,1-20

Ihre Bitte scheint Jesus nicht zu berühren. Er sagt kein Wort. Seine Jünger, die sich nicht in die Not dieser Frau hineinversetzen können, werten das als Ablehnung. »Laß sie doch gehen«, sagen sie, »denn sie schreit uns nach.« In ihren Augen stört dieses Individuum ihre Ruhe und Zurückgezogenheit. Außerdem muß eine Frau — noch dazu eine ausländische — schnell zum Schweigen gebracht werden. Ihr Schreien zieht die Aufmerksamkeit auf den Herrn, der doch so gern unbemerkt bleiben möchte. Ihre Reaktion ist hart, obwohl sie aus Sorge um ihren Herrn so handeln.

Jesu scheinbar kühle Reaktion kommt nicht aus einem Mangel an Verständnis oder Mitleid mit der Frau heraus. Seine Antwort beweist das. Er denkt einfach nur über die Begrenzung seiner Mission nach. »Ich bin nur gesandt zu den verlorenen Schafen des Hauses Israel.«

Jesus befindet sich bei seinem Wirken in vollkommener Abhängigkeit von seinem Vater. Den Willen Gottes tun, ist für ihn lebensnotwendig. Die Propheten haben vorausgesagt, daß er, der Messias, für sein eigenes Volk kommt. Das Wort Gottes muß zuerst den Juden verkündet werden.[5] Jesu Mission gilt also in erster Linie seinem Land und seinem Volk.[6] Diesen Auftrag hat er auch an seine Jünger weitergegeben.[7]

Auch vorher schon hat der Herr Nichtjuden geheilt, doch nie zuvor hat er sich dabei auf fremdem Boden befunden. Dieses Gebiet von Phönizien oder

[5] Apostelgeschichte 1,8; 13,45-46
[6] Johannes 1,11
[7] Matthäus 10,5-6

Kanaan (heute Libanon) ist nicht nur ein heidnisches Land. Seine Einwohner sind die Erzfeinde Israels. Daher wird den Juden auch verboten, dieses Gebiet zu betreten. Jesus, der schon bald von den Juden zurückgewiesen werden soll, weiß jedoch, daß er der Retter der ganzen Welt ist. Wartet er deshalb auf die Bestätigung, auf ein Zeichen von Gott, daß die Tür zu den Nichtjuden sich nun langsam öffnet?

Wieder einmal zeigt sich, daß der Sohn, der seinen himmlischen Vater liebt, nichts ohne dessen Zustimmung unternimmt. Sein erster und einziger Wunsch ist es, Gott gehorsam zu sein. Das ist ihm noch wichtiger als hilfsbedürftige Menschen. Jesus lehnt es ab, sich von menschlichem Leid gefangennehmen zu lassen — wie schmerzlich das auch sein mag.

Die Fähigkeit, Leid hinwegzunehmen und Dankbarkeit und Liebe dafür zu bekommen, erwärmt Jesus immer wieder. Auch er hat das Bedürfnis nach Anerkennung, genau wie wir. Doch aus Gehorsam Gottes Willen gegenüber ist er auch bereit, Anerkennung zurückzuweisen und Unverständnis auszuhalten. Dies macht ihn äußerst verletzlich und auch einsam. Es zeigt auch uns ganz klar, wo unsere Prioritäten liegen sollten.

Die Frau weiß nichts davon. Sie hat nur den einen Gedanken: Ich brauche Hilfe für meine Tochter, und ich werde mich nicht abwimmeln lassen. Sie ist entschlossen, kein Nein zu akzeptieren. Ihre Ausdauer erinnert uns an Jakob, der zu Gott gesagt hat: »Ich lasse dich nicht, du segnest mich denn.«[8]

[8] 1. Mose 32,26

Diese besorgte Mutter dagegen sagt einfach: »Herr, hilf mir!«

Sie ist mit ihrer Weisheit am Ende. Jesus ist ihre letzte Hoffnung. Sicher, sie ist keine Jüdin, doch ihre Motivation geht über solche Unterscheidungen hinaus. Sie glaubt. Demütig und voller Respekt kniet sie sich vor Jesus hin und nennt ihn »Sohn Davids« und »Herr«. Dies ist ein bewegender Augenblick, denn hier, außerhalb der Grenzen seines eigenen Volkes, begegnet er dem Glauben, der seinem Volk fehlt. Aber seine Antwort ist ziemlich verwirrend. »Es ist nicht recht, daß man den Kindern ihr Brot nehme und werfe es vor die Hunde.«

Sie kann nicht glauben, was sie hört. Warum gibt ihr dieser Mann, der für seine Liebe zu den Menschen bekannt ist, eine so harte Antwort? Das scheint doch ein grober Widerspruch zu seiner Einladung zu sein: »Kommet her zu mir alle, die ihr mühselig und beladen seid.« [9]

Zurückgewiesen zu werden, mit einem Hund verglichen zu werden — ist das Verständnis? Nie zuvor war sie schlimmer beleidigt worden!

»Nichtjüdischer Hund«, so haben die Juden zur Zeit Jesu die Nichtjuden genannt. Gott hat die Juden zu seinem Volk erwählt. Aber anstatt demütig und dankbar dafür zu sein, schauen sie stolz auf die Nichtjuden herab und betrachten sie als unreine Hunde.

Vielleicht benutzt Jesus diesen Ausdruck bewußt vor seinen Jüngern, um auszusprechen, was sie denken. Ihr Mangel an Mitgefühl fällt ihm schmerz-

[9] Matthäus 11,28

lich auf. Obwohl sie schon lange mit Jesus unterwegs sind, haben sie in dieser Beziehung offensichtlich wenig von ihm gelernt. Doch Jesus ist dabei, eine neue Denkweise einzuführen. Während sie sich langsam Jerusalem nähern, müssen die Jünger begreifen, daß sein bevorstehender Tod und seine Auferstehung eine neue Ära einläuten werden. Jesu Opfer wird ganz klar das Ende aller Vorurteile anzeigen. Es wird die Unterschiede zwischen Juden und Nichtjuden, Sklaven und Freien, Männern und Frauen beseitigen.[10] Kurz vor diesem Ereignis macht Jesus seinen Jüngern klar, daß der traditionelle Unterschied zwischen reiner und unreiner Nahrung nicht mehr besteht. Nicht, was eine Person ißt macht sie unrein, sondern was sie denkt.[11]

Der Herr geht noch einen Schritt weiter. Auch den Unterschied zwischen einem, in ihrer Bezeichnung »unreinen« und »reinen« Volk wird es nicht mehr geben. Von nun an wird nicht mehr Rasse oder Geburt darüber entscheiden, ob ein Mensch angenommen wird, sondern allein der Glaube.

Jesu Worte klingen zuerst hart und unverständlich, doch sie schrecken die Frau nicht ab. Ist sie enttäuscht? Sie zeigt es nicht. Spitzfindig konzentriert sie sich auf das Wort, das Jesus für »Hund« benutzt. Gemeint ist nicht ein streunender Hund, der durch die Straßen schleicht, sondern ein kleines Haustier, das mit den Kindern, die es lieben, zur Familie gehört.

[10] Galater 3,28
[11] Matthäus 15,10-20

Damals gab es noch kein Eßbesteck. Die Menschen aßen mit ihren Fingern. Die beschmutzten Finger wischte man an Brotstücken ab, die man dann den Hunden zuwarf. Das war eine allgemein übliche Praxis, und die Frau kennt sie gut.

Ihre Antwort kommt schnell. »Ja, Herr; aber doch fressen die Hunde von den Brotstücken, die vom Tisch ihrer Herren fallen.« Mit anderen Worten sagt sie, daß den Juden, die so überreich mit Gottes Gnade beschenkt sind, nichts abgeht, wenn auch die Nichtjuden an ihrem Segen teilhaben. Kein Kranker in Palästina wird darunter leiden, wenn der Messias ihre Tochter von ihrer Besessenheit heilt. Dem einen zu helfen, schließt doch die Hilfe für einen andern nicht aus.

Es entwickelt sich ein Wortspiel zwischen zwei Leuten, die sich ganz genau verstehen. Diese nichtjüdische Frau versteht Jesus besser als sonst jemand. Sie erkennt den Sinn seiner Bilder, nimmt sie auf und führt den Gedankengang fort. Sie ist damit zufrieden, den zweiten Platz einzunehmen, aber sie weicht nicht von dem Ziel ab, das sie sich gesteckt hat. Durch ihre schnelle Auffassungsgabe konfrontiert sie den Herrn mit der eigentlichen Bedeutung seiner eigenen Worte. Die Frau verdreht seine Antwort, mit der er ihr Ansinnen doch ganz offensichtlich zurückweist, so klug, daß er nun kaum noch anders kann, als ihr ihre Bitte zu gewähren.

Ihre Kultur ist Frauen gegenüber nicht gerade freundlich eingestellt, und ihr Volk hat gewiß keine gute Beziehung zu den Juden. Und doch zeigt sich die Frau sehr entspannt und sogar mutig in ihrer

Begegnung mit Jesus. Trotz der Zurückweisung durch die Jünger läßt sie den Mut nicht sinken.

Die Frau spürt ganz genau, daß Jesus ihr freundlich gesinnt ist. Intuitiv weiß sie: Es gibt tiefere Gründe für Jesu Verhalten ihr gegenüber. Vielleicht will er ihren Glauben prüfen, aber auf keinen Fall möchte er, daß sie aufgibt. Dessen ist sie sicher.

Jesu Reaktion auf ihre offene Antwort ist ein Beweis hierfür. Nichts deutet darauf hin, daß er verstimmt ist oder ihre Frage unverschämt findet. Er sagt nicht: »So sollte eine Frau nicht zu einem Mann sprechen, und schon gar nicht eine nichtjüdische Frau zu einem jüdischen Rabbi.« Jeder andere Jude hätte wahrscheinlich so reagiert. Aber nicht Jesus. Er schätzt ihre Schlagfertigkeit. Er empfindet es als positiv, daß sie sich nicht so schnell einschüchtern läßt. Tatsächlich belohnt er sie sogar dafür.

»Um dieses Wortes willen geh hin; der böse Geist ist von deiner Tochter ausgefahren«, heißt es bei Markus. Matthäus fügt hinzu: »Frau, dein Glaube ist groß.« Jesus weiß einen Glauben zu schätzen, der sich nicht einschüchtern läßt. Das wird klar durch das Gleichnis von der Witwe, die trotz Ablehnung für ihre Rechte einsteht. Diese Frau erhält, was sie sich wünscht, genau wie diese Mutter. Beide sind Vorbilder für den Glauben.[12]

Der Glaube der Mutter wird noch etwas länger auf die Probe gestellt — bis zu dem Zeitpunkt, als sie nach Hause kommt. Erst dann weiß sie genau, daß

[12] Lukas 18, 1 - 8

128

ihre Tochter wirklich geheilt ist. Welche Freude mag sie empfunden haben!

Sie weiß nicht, daß dieses Ereignis eine noch viel tiefere Bedeutung hat: die Möglichkeit der Errettung der Nichtjuden. Die Heilung ihrer Tochter ist das erste von vielen anderen Wundern außerhalb Palästinas.

Die Geschichte wiederholt sich immer wieder. Wie die samaritische Frau (die erste Halbjüdin) und später Lydia (die erste Europäerin)[13], die beide an Gott glaubten, öffnet auch hier wieder eine Frau die Tür für die Ausbreitung des Evangeliums über die Grenzen Palästinas hinaus.

Nach Jesu Himmelfahrt hilft dieser Zwischenfall den Aposteln, die Mission auszuweiten und voranzutreiben. Zwanzig Jahre später gibt es eine lebendige Gemeinde in Tyrus. Paulus hält sich eine Woche lang dort auf und schreibt von seinem bewegenden Abschied von einer der ersten christlichen Gemeinden.[14]

Ob diese kanaanäische Frau und ihre geheilte Tochter wohl zu denen gehörten, die Paulus und seine Mitarbeiter zum Schiff begleiteten? Ob sie sich wohl mit ihnen zusammen am Strand niederknieten und beteten? Wir wissen es nicht. Aber wir wissen sehr wohl, daß dieses Gebiet — das auch in den Nachrichten des zwanzigsten Jahrhundert immer noch häufig erwähnt wird — uns an die Frau erinnert, die sich mit einer abschlägigen Antwort nicht zufrieden gegeben hat. Es erinnert uns an eine Frau, die eine

[13] Apostelgeschichte 16
[12] Apostelgeschichte 21,3-6

schlagfertige Antwort parat hatte, und daraufhin auch bekam, um was sie gebeten hatte.

Wir täten gut daran, uns an diese nichtjüdische Frau zu erinnern, wenn wir nicht sofort eine Antwort auf unsere Gebete bekommen, oder wenn wir uns zurückgewiesen fühlen. Ihr Verhalten ist eine Anregung für uns, mutig zu sein, beständig im Gebet und uns daran zu erinnern, daß das, was wie eine Zurückweisung aussieht, sich als offene Tür für den Segen Gottes erweisen kann.

Fragen zum persönlichen Studium oder in einer Gruppe

1. Beschäftigen Sie sich mit der Frau anhand des religiösen Hintergrunds ihres Volkes. Was fällt Ihnen besonders an ihrem Glauben auf (1. Könige 11, 5-6; 16,31; 18,18; Matthäus 11,20-22)?

2. Warum nennt sie Jesus »Herr« und »Sohn Davids« (Matthäus 1,1; Johannes 7,40-42)?

3. Lesen Sie 1. Mose 32,22-28 und Lukas 18,1-8 sehr sorgfältig. Welche Ähnlichkeiten erkennen Sie in diesen beiden Abschnitten?

4. Lesen Sie 1. Mose 18,20-33. Was haben Abrahams Fürbitte und das Bitten dieser nichtjüdischen Frau gemein?

5. Versuchen Sie, sich in die Situation dieser Frau zu versetzen. Was würde Ihnen am meisten im Verhalten Jesu und seiner Jünger auffallen?

6. Wir können Jesus mit unseren Problemen nicht von Angesicht zu Angesicht gegenübertreten. Wie können wir uns ihm nahen (Jeremia 33,3; Johannes 16,24; Philipper 4,6)?

7. Wie bewerten Sie die Beziehung zwischen Mann und Frau damals und heute? In welcher Hinsicht hat Jesus die Beziehung beeinflußt?

8. Welchen Eindruck hat diese Geschichte bei Ihnen hinterlassen?

Er schätzt die Mutterschaft hoch ein

>»Laßt die Kinder zu mir kommen
und wehret ihnen nicht;
denn solchen gehört das Reich Gottes.«
Markus 10,14[1]

Wer sind diese Leute, die mit ihren Kindern zu Jesus kommen? Matthäus und Markus schreiben darüber nichts. Lukas, mit seinem Sinn für Details, erwähnt Babys. Daher wird allgemein angenommen, daß wir es mit Müttern zu tun haben. Vielleicht sind aber auch Väter dabei. Die Bibel sagt hierüber nichts Genaues aus. Diese Eltern möchten, daß Jesus ihre Kinder anrührt, für sie betet und sie segnet.

In der Zwischenzeit lastet der Druck seines bevorstehenden Todes immer schwerer auf dem Herrn. Mehrmals spricht er mit seinen Jüngern über seinen Tod und die anschließende Auferstehung. Doch die Wirklichkeit dieses bevorstehenden Ereignisses dringt nicht in ihr Bewußtsein ein. Selbst seine drei besten Freunde bilden da keine Ausnahme. Als Jesus das erste Mal davon spricht, nimmt Petrus ihn beiseite und sagt: »Gott bewahre dich, Herr! Das widerfahre dir nur nicht!« Daraufhin weist Jesus Petrus zurecht,

[1] Lesen Sie Matthäus 19,13-15; Markus 10,13-16 und Lukas 18,15-17.

er spreche über das, was menschlich, und nicht das, was göttlich ist.[2]

Als der Herr zum zweiten Mal von seinem bevorstehenden Leiden spricht, macht es wieder wenig Eindruck auf die Jünger. Beim dritten Mal, kurz vor ihrem Einzug in Jerusalem, sind Johannes und Jakobus viel zu sehr von ihren eigenen Angelegenheiten in Anspruch genommen, als daß sie sich um das zu erwartende Leiden ihres Herrn kümmern könnten. Sie schaffen Unruhe unter den Jüngern mit ihrer Frage: Wer von uns ist der wichtigste? Diese Männer, die doch alles aufgegeben haben, verstehen offensichtlich sehr wenig von dem, was Jesus am meisten bewegt. Sie folgen dem Herrn nach, weil sie ihn lieben, und doch verstehen sie nur so wenig von dem, was ihn bei seinen Begegnungen mit den Leuten motiviert.

Kurz vor dieser Begebenheit spricht Jesus überzeugend davon, daß die Ehe eine dauerhafte und geheiligte Sache sei. So lautet seine Antwort auf die Frage einiger Pharisäer, die wie üblich versuchen, ihm eine Falle zu stellen. Ihre Angriffe haben immer noch nichts an Schärfe verloren. Es ist traurig, daß die Führer des Volkes sich nicht durch Jesu Worte und Taten überzeugen lassen. Noch schmerzlicher als die Zurückweisung durch die Pharisäer ist jedoch die Tatsache, daß er auch von seinen Jüngern immer noch nicht verstanden wird. Diese Menschen, die ihm doch so nahe stehen, stürzen ihn in eine tiefe Einsamkeit zu einem Zeitpunkt, an dem er ihr Mitgefühl und Verständnis mehr denn je bräuchte.

[2] Matthäus 16,21-23

Und nun kommen, direkt nach den Ausführungen in bezug auf die Ehe, einige Mütter mit ihren Kindern zu Jesus. Vielleicht haben sie dadurch den Mut bekommen, mit ihren Kindern, die ja das Ergebnis dieser Ehe sind, aus der Menge herauszutreten.

Die Segnung der Kinder hat eine tiefe Bedeutung in Israel. In der Regel wird sie durch die Väter vollzogen. Erinnern Sie sich an den Segen, den die Patriarchen Isaak und Jakob an ihre Kinder und Enkel weitergegeben haben und die dauerhaften Auswirkungen dieses Segens?[3] Nach jüdischer Sitte bringen die Mütter ihre Kinder an ihrem ersten Geburtstag zu einem Rabbi, damit er sie segnet. Auf diese Weise sind Vater und Mutter mit der religiösen Erziehung ihrer Kinder betraut.

Wen wundert es, daß diese Mütter den Wunsch haben, Jesus möge ihren Kindern die Hände auflegen? Sie haben gesehen, was diese Hände schon bewirkt haben, wieviele Kranke sie schon geheilt, wieviel Not sie schon gelindert haben. Diese Hände haben Lahme gehend und Blinde sehend gemacht. Sie wissen, daß durch die Berührung dieser Hände schon Tote zum Leben zurückgekehrt sind. Und nun, da der Herr in ihrer Gegend ist, wollen sie die Gelegenheit nicht verpassen, ihre Kinder von ihm segnen zu lassen.

Doch es ist schwierig, in die Nähe Jesu zu kommen. Immer muß man zuerst an den Jüngern vorbei. Das ist meistens gut, weil Jesus sonst von der Menge erdrückt würde. Doch leider heißen die Jünger die

[3] 1. Mose 27; 48

Menschen oft nicht willkommen. Im Gegenteil, sie stehen manchmal wie eine Mauer vor Jesus, an der die Erwartungen der Mütter in tausend Scherben zerbrechen. Sie lassen die Mütter nicht zu Jesus durch.

»Nichts zu machen! Wofür haltet ihr euch denn?« sagen die Jünger. »Der Meister hat keine Zeit. Seht ihr nicht, wie beschäftigt er ist? Ganz sicher hat er Wichtigeres zu tun, als sich mit kleinen Kindern zu beschäftigen. Diese Kleinen verstehen ja doch noch nicht, was hier vor sich geht. Sie können den Meister noch nicht verstehen. Geht zurück, ihr alle! Schnell jetzt! Macht Platz für die anderen, die den Herrn wirklich brauchen.«

Ihre Sorge um ihren müden Herrn ist sicherlich gerechtfertigt. Doch ihr Mangel an Verständnis für diese gläubigen Frauen zeigt, daß die Jünger nicht verstanden haben, wie wichtig die Kinder Jesus sind. Sie scheinen aus der Vergangenheit nicht gelernt zu haben. Hat Jesus nicht der Mutter einer kranken Tochter in dem Gebiet von Tyrus und Sidon geholfen, und das, obwohl sie auch diese Frau zuerst fortschikken wollten? Haben sie schon vergessen, daß Jesus auch damals ihren Rat nicht beachtete?

Erst kurze Zeit zuvor hat Jesus ein Kind aus der Menge herausgerufen und an ihm das Himmelreich verdeutlicht. Erinnern sie sich nicht mehr an die Ermahnung, auf die Kleinen nicht herabzusehen?[4]

Jesus bemerkt, was vor sich geht. Die Jünger werden ermahnt. Markus schreibt: Er wurde unwillig. Dies ist ein starker Ausdruck, und nur selten wird er

[4] Matthäus 18,1-10

im Zusammenhang mit Jesus gebraucht. In seinen Unwillen mischt sich Trauer. Der Herr ist traurig, daß seine engsten Mitarbeiter, die nach seiner Himmelfahrt die Führung übernehmen werden, so wenig von seiner Mission verstanden haben. Unter diesem Problem hat Jesus sein Leben lang zu leiden.

Der Verfasser des Hebräerbriefes schreibt, daß Jesus »so viel Widerspruch ... von den Sündern erduldet hat.«[5] Bis zu einem gewissen Grad ist dies hier der Fall. Die Haltung der Jünger steht im Gegensatz zu der Haltung Jesu. (Es ist aufregend zu lesen, wie sich diese Männer nach der Ausgießung des Heiligen Geistes so vollkommen verändern. Der Johannes- und der Petrusbrief zum Beispiel strahlen viel Wärme und Verständnis aus, die wir vorher von ihnen nicht kennen.)

Am Kreuz leidet Jesus schrecklich für die Menschen. Aber dieses Leiden ist kurz. Doch Jesu Leiden wegen der Menschen — nämlich, daß er ihr Unverständnis und ihre Zurückweisung ertragen muß, daß er mitansehen muß, wie sie seine Worte verdrehen und ihm falsche Motive unterstellen — dauert sein ganzes Leben lang. Auch das ist Leiden wegen der Sünde. Wir Menschen unterschätzen dieses Leiden nur zu leicht.

Die kühle Zurückweisung durch die religiösen Führer Israels und der offensichtliche Mangel an Verständnis von seiten seiner Jünger steht im krassen Gegensatz zu der warmherzigen Haltung dieser Frauen. Sie kommen nicht zu Jesus, um ihn zu kriti-

[5] Hebräer 12,3

136

sieren, sich von ihm heilen oder vergeben zu lassen, sondern weil sie von ihm gesegnet werden wollen. Diese Mütter erkennen, daß Jesus von Gott gesandt ist, daß der Heilige Geist in ihm wohnt. Sie glauben daran, daß er autorisiert ist, Gottes Segen auf ihre Kinder zu legen. Darum kommen sie zu ihm.

Diese Mütter bekommen mehr, als sie erwartet haben. Wahrscheinlich gingen sie davon aus, daß Jesus ihre Kinder pauschal als Gruppe segnet. Doch er tut noch viel mehr. Jedem Kind widmet er seine persönliche Aufmerksamkeit. Er nimmt jedes Kind auf den Arm, legt seine Hände auf es und segnet es. Mütter mit Kindern erinnern Jesus vielleicht an seine eigene Mutter und an all das, was er ihr verdankt. Es wäre interessant zu erfahren, wie sich der Segen Jesu später auf die Kinder ausgewirkt hat. Keine anderen Kinder haben jemals die Berührung des Herrn so persönlich erfahren. Diese hier sind wirklich privilegiert.

Den Müttern (und Vätern, falls denn welche anwesend sind) wird diese Begebenheit immer in lebhafter Erinnerung bleiben. Sicherlich werden sie ihren Kindern immer wieder davon erzählt haben.

Jesu größtes Leiden steht noch bevor: die Beleidigungen der Römer, die Schmähungen der jüdischen Führer und die Untreue seiner Freunde. Diese Mütter und ihre Kinder bringen Licht in diese dunklen Stunden.

Die kurze Begebenheit gehört zu dem, woran sich die Jünger später erinnern. Niemals werden sie vergessen, wie Jesus, trotz des Druckes, der in jenen letzten Tagen auf der Erde auf ihm lastete, sich für die

Kinder interessierte. Sie werden immer daran denken, wie er sagte: »Laßt die Kinder zu mir kommen und wehret ihnen nicht; denn solchen gehört das Reich Gottes.«

Diese Worte sind eine Ermutigung für die Eltern unserer heutigen Zeit, die, wie damals diese Mütter, ihre Kinder gern zu Jesus bringen möchten. Auch sie müssen mit Opposition rechnen, weil Mutterschaft und religiöse Erziehung heutzutage nicht hoch im Kurs stehen. Für solche Eltern ist es gut zu wissen, daß Mütter in Jesu Augen große Bedeutung haben. Er ist unwillig mit den Leuten, die versuchen, die Kinder von ihm fernzuhalten — auch heute noch.

Zwar können wir dem Herrn nicht mehr persönlich gegenübertreten, doch durch das Gebet dürfen alle Eltern zu ihm kommen, die sich Gottes Segen für ihre Kinder wünschen. Jesus selbst hat eine Kindheit durchlebt und dabei in Beziehung zu sich selbst, zu anderen und zu Gott gestanden. Er weiß, daß ein Kind ohne seinen Segen unvorstellbaren und dauerhaften Schaden nimmt. Deshalb sollten Mütter und Väter ihre Kinder immer wieder zu Jesus bringen. In unserer heutigen Zeit brauchen sie seinen Segen mehr als jemals zuvor.

Fragen zum persönlichen Studium oder in einer Gruppe

1. Überlegen Sie, wie die Zurückweisung durch die jüdischen Führer und das Unverständnis seiner Jünger auf Jesus gewirkt haben mag. In welcher Beziehung hat er wohl darunter gelitten?

2. Wie mag die Haltung der Mütter mit ihren Kindern Jesus beeinflußt haben?

3. In welchen Punkten läßt sich Jesu Entwicklung vom Kind zum Erwachsenen nachvollziehen (Lukas 2,52)? Versuchen Sie, Beispiele zu finden.

4. Welcher Unterschied besteht zwischen Müttern, die ihre Kinder im Wort Gottes unterweisen und denen, die das nicht tun (2. Chronik 22,2-4; 2. Timotheus 1,5-6; 3,14-15)?

5. Was erfahren wir von dem Einfluß, den die Mutter von Mose (2. Mose 2,1-10; Josua 1,5.7; Psalm 106, 23), die von Samuel (1. Samuel 1,11.27-28; 3,19-21) und die von Johannes dem Täufer (Lukas 1, 5-7.57-58) gehabt haben?

6. Überlegen Sie, wie Sie Ihrem Kind eine bessere Mutter sein können.

Er vertraut einer Frau
eine wichtige Botschaft an

»Geh aber hin zu meinen Brüdern und sage ihnen:
Ich fahre auf zu meinem Vater und zu eurem Vater,
zu meinem Gott und zu eurem Gott.
Maria von Magdala geht und verkündigt
den Jüngern: Ich habe den Herrn gesehen,
und das hat er zu mir gesagt.«
Johannes 20, 17-18[1]

Maria von Magdala ist eine von den sechs Frauen mit
Namen Maria im Neuen Testament. Der Name hat dieselbe Bedeutung wie der Name Miriam im Alten Testament: Bitterkeit. Wie Miriam, die Schwester von Mose,
ist Maria Magdalena eine bemerkenswerte Person
und nimmt eine führende Position unter den Frauen
ein. Wie Miriam und Maria, die Mutter von Jesus, hat
auch sie ihr Päckchen im Leben zu tragen. Magdalena
bedeutet, daß sie »aus Magdala« stammt. Magdala
liegt etwa fünf Kilometer von Kapernaum entfernt,
einer kleinen Stadt, in der sich Jesus oft aufhält.
    Maria Magdalena ist offensichtlich finanziell gut
gestellt. Sie kann für unbegrenzte Zeit auf Reisen
gehen, ohne Geld verdienen zu müssen. Gleichzeitig
verschenkt sie großzügig von ihrer Habe an andere.

[1] Lesen Sie Johannes 27,55-61; 28,1-10; Lukas 8,1-3; Johannes
19, 25-27 und Johannes 20,1-18.

Über sie selbst erfahren wir nur wenig, weder das Alter noch ob sie verheiratet ist oder nicht. Aber sehr wahrscheinlich ist sie alleinstehend. Sie begegnet Jesus am Ende seines zweiten Jahres als umherreisender Rabbi zum ersten Mal, also ein Jahr vor seinem Tod.

Diese Begegnung verändert Marias Leben von Grund auf. Jesus befreit sie von sieben Dämonen. Zur Zeit Jesu waren viele Menschen von Dämonen besessen. Dies konnte sich in geistiger und körperlicher Verwirrung ausdrücken.[2] Wie sehr ein solcher Mensch darunter zu leiden hatte, sehen wir an dem Mann aus dem Land der Gerasener, das von Magdala aus gesehen an der anderen Seite des Sees liegt.[3]

Wie sich Maria Magdalenas Besessenheit ausgewirkt hat, wissen wir nicht. Aber sie muß sehr gelitten haben, da uns berichtet wird, daß sie von sieben Dämonen besessen war. Vielleicht hatte sie keine Kontrolle mehr über sich und deshalb enorme Probleme mit sich selbst und im Umgang mit anderen. Maria Magdalena war ein hoffnungsloser Fall — bis sie Jesus begegnete. Von diesem Augenblick an ist sie frei, geistig normal und lebt in Harmonie mit sich und anderen.

Manchmal werden diejenigen, die von Jesus geheilt worden sind, beauftragt, zurück zu gehen und von Gottes Güte zu erzählen. Maria von Magdala allerdings kann Jesus nachfolgen. Und das tut sie auch für den Rest ihres Lebens.

[2] Matthäus 17.115-118; Markus 9,17-18; Lukas 8,27-31
[3] Lukas 8,26-39

Jesu Leben auf der Erde ist kurz. Es gibt nur wenige, die ihm ungehindert und ununterbrochen dienen können. Nicht viele können seine tägliche Last mit ihm teilen. Männer und Frauen, die ihren Lebensunterhalt verdienen müssen, und Mütter mit kleinen Kindern sind dazu nicht in der Lage, wie sehr sie sich das vielleicht auch wünschen. Für Alleinstehende ist es leichter, dem Herrn nachzufolgen. Maria Magdalena hat diese Gelegenheit und macht auch Gebrauch davon.

Maria unterstützt Jesus mit ihren eigenen finanziellen Mitteln. Zusammen mit Frauen von respektablerem Hintergrund als sie selbst hat, zum Beispiel mit Johanna, der Frau von Chuzas, dem Verwalter am Hof des Königs Herodes, mit Salome, der Mutter von Johannes und Jakobus und vielen anderen, tritt sie in die Nachfolge Jesu. Aufgrund ihrer Charaktereigenschaften und ihrer Hingabe wird sie ihre Führerin. Diese Frau mit der schrecklichen Vergangenheit wird zu einer stabilen Persönlichkeit und zu einem Licht, das anderen den Weg zeigt. Wenn diese Frauen erwähnt werden, steht ihr Name immer an erster Stelle.

Während diesen ungefähr vierhundert Tagen in der Nachfolge Jesu hat Maria Magdalena ungewollt die Aufmerksamkeit ihrer Umgebung auf sich gelenkt. In diesem kleinen Land gibt es nur primitive Formen der Kommunikation. Radio, Presse und Fernsehen sind noch nicht erfunden, so daß nicht über das Wunder der Heilung dieser verzweifelten Frau berichtet werden kann. Doch die Mund-zu-Mund-Propaganda funktioniert hervorragend. Die geheilte

Maria Magdalena wird zur Attraktion, die Menschen zu Jesus zieht.

Natürlich gibt es auch Kritik. Manche Leute sagen: »Seht sie euch an! Anscheinend hat sie vergessen, wer sie einmal war!« Aber Maria Magdalena legt ihre Hand an den Pflug. Sie schaut nicht zurück und läßt sich von ihrer Vergangenheit nicht beeinträchtigen. Das neue Leben, das ihr geschenkt worden ist, hat sie mit voller Absicht dem Reich Gottes gewidmet.[4]

Ihre Dankbarkeit Jesus gegenüber für ihre Heilung und die Tatsache, daß sie es als Vorrecht empfindet, ihn kennen zu dürfen, zeigt sich deutlich bei seinem Tod und seiner Auferstehung. In dieser Zeit unterscheidet sich ihre Haltung Jesus gegenüber sehr stark von der der Jünger.

Im Laufe der Zeit bemerkt Maria Magdalena immer stärker die wachsende Opposition und Feindschaft der religiösen Führer Jesus gegenüber, die ihren Höhepunkt in seiner Gefangennahme, Verurteilung und seinem Tod findet. Vielleicht ist sie in jener Nacht am Ölberg dabei, als Judas seinen Herrn mit einem Kuß verrät. Im Haus des Hohenpriesters muß sie schockiert mitanhören, daß Petrus den Herrn dreimal verleugnet. Hat Petrus denn sein Versprechen vergessen, sein Leben für ihn zu lassen?

Sie hört die spöttischen Fragen des jüdischen Rates, die nicht der Wahrheitsfindung dienen, sondern die Wahrheit verdrehen. Sie beobachtet die Geste des Pilatus, als er sich die Hände wäscht, um

[4] Lukas 9,62

damit seine Unschuld am Tod dieses Mannes zu beteuern. Weder die weltliche noch die religiöse Obrigkeit ist bereit, für Jesus einzutreten — das ist klar.

Keiner der vielen Lahmen und Verkrüppelten, die Jesus geheilt hat, eilt ihm zu Hilfe. Keiner der Stummen, die nun wieder sprechen können, tut seinen Mund auf, um Jesus zu verteidigen. Die vielen Tausend, die geheilt und gespeist worden sind, sind jetzt nicht da.

Die Hysterie der Menge wird entfacht, als sie sich entscheiden soll, ob sie Jesus oder einen notorischen Verbrecher frei haben will. Fast einstimmig wählt sie den Verbrecher. Als Jesus zum Ort der Kreuzigung geführt wird, ist Maria Magdalena Zeugin des größten Verbrechens, das jemals begangen wurde. Von dieser Infamie kann kein Wasser der Welt die Menschheit reinwaschen. Die Geschichte berichtet von vielen Menschen, die unschuldig getötet wurden. Aber hier handelt es sich um einen Mann, dessen einziges Verbrechen es war, daß er gut war und Gutes tat. Diesen Widersinn, diese Ungerechtigkeit kann niemand verstehen, auch Maria Magdalena nicht.

Frauen sind die einzigen in den Straßen von Jerusalem, die Trauer zeigen über das, was vor sich geht. Niemand außer Jesus achtet auf sie. Eine einzige Frau versucht, Jesus das Leben zu retten: die Frau des Pilatus. Aber davon weiß Maria Magdalena nichts.

Am Kreuz interessieren sich nur noch die Mutter Jesu, die Frauen, die ihm nachfolgen, und Johannes für ihn. Keiner der anderen Jünger kann dem Druck standhalten. Sie bleiben fern, als der Herr sie am nötigsten gebraucht hätte.

Doch das Leiden des Herrn hat seinen Höhepunkt noch nicht erreicht. Am Kreuz, dem Symbol dafür, daß er von der Welt zurückgewiesen wurde, macht er die Erfahrung, auch von Gott verlassen worden zu sein. Schmerzerfüllt ruft er aus: »Mein Gott, mein Gott, warum hast du mich verlassen?«[5]

Die Liebe Maria Magdalenas für ihren Herrn ist mit seinem Tod nicht zu Ende. Zusammen mit anderen Frauen beobachtet sie sorgfältig, wie und wo er beerdigt wird. Dann erscheinen drei Sterne am Himmel als Zeichen, daß der Sabbat begonnen hat. Dieser Sabbat, an dem der Körper des Sohnes Gottes im Grab liegt, ist der traurigste Tag in ihrem Leben und in der Geschichte der Menschheit.

Am folgenden Tag sind die Frauen schon früh am Grab, um den Leib Jesu einzubalsamieren. Doch statt des toten Körpers treffen sie Engel an — als Verkündiger seiner Auferstehung.

Die Engel teilen den Frauen mit: »Er ist nicht hier; er ist auferstanden. Gedenkt daran, wie er euch gesagt hat, als er noch in Galiläa war: Der Menschensohn muß überantwortet werden in die Hände der Sünder und gekreuzigt werden und am dritten Tag auferstehen.«[6] Jetzt erinnern sich die Frauen. Damals in Galiläa hat Jesus den Jüngern — und auch den Frauen — von seinem bevorstehenden Leiden und Tod erzählt. Er sagte auch, daß er am dritten Tag auferstehen würde. Beide Prophezeiungen haben sich nun erfüllt.

[5] Markus 15,34
[6] Lukas 9,62

»Er ist auferstanden!« Das sind die ermutigendsten Worte, die jemals ausgesprochen worden sind. Sie bewegen die Frauen bis ins Tiefste, obwohl ihnen die volle Bedeutung dessen, was sie hören, noch nicht klar ist.

Dann gibt einer der Engel den Frauen einen Auftrag: »Geht aber hin und sagt seinen Jüngern und Petrus, daß er vor euch hingehen wird nach Galiläa; dort werdet ihr ihn sehen, wie er euch gesagt hat.«[7]

Geht und sagt. Mit diesen Worten werden die Frauen für ihre Liebe, Treue und Ausdauer belohnt. Sie sind die ersten, die von Jesu Auferstehung berichten können. Im Laufe der Jahrhunderte haben viele ihren Auftrag mit denselben Worten bekommen, aber niemand hat die Botschaft so direkt gehört.

In den Augen der Engel und in den Augen Gottes, dem sie dienen, gehören die Frauen wie selbstverständlich zur Gruppe. Bei dem versprochenen Treffen in Galiläa werden auch sie erwartet: »... daß er vor euch hingehen wird (nicht nur vor *ihnen*, den Jüngern) nach Galiläa; dort werdet ihr (ihr alle) ihn sehen ...«

Die Frauen eilen zurück in die Stadt. Auch ohne den ausdrücklichen Auftrag, den Jüngern alles zu erzählen, hätten sie ihnen von dem berichtet, was sie erlebt haben. Immerhin sind die Jünger Männer, zu denen die Frauen aufschauen, deren Wohlergehen sie ihr Leben geweiht haben. Die Frauen fühlen sich ihnen nahe. Zusammen haben sie Höhen und Tiefen durchlebt. In dem vergangenen Jahr waren sie ihre

[7] Markus 16,7

Familie. Wie froh wird es Petrus machen, daß er ausdrücklich erwähnt worden ist! Das bedeutet Vergebung für ihn.

Sie finden die Männer in tiefer Trauer vor. Der Empfang ist wie eine kalte Dusche für sie. Die Jünger glauben nicht ein einziges Wort von dem, was die Frauen sagen!

Jesus hatte seine Auferstehung vorausgesagt, doch irgendwie war dies nicht in ihr Bewußtsein gedrungen. Boten vom Himmel haben den Frauen die Information gegeben, aber das macht keinen Eindruck auf die Jünger. Vielleicht, weil es Frauen sind, die die Information weitergeben? Hätten sie es geglaubt, wenn Männer die Überbringer dieser Nachricht gewesen wären?

Die Jünger kennen diese Frauen sehr gut. Über einen langen Zeitraum hinweg haben sie Gelegenheit gehabt, sich davon zu überzeugen, daß die Wandlung Maria Magdalenas echt ist. Diese Frauen haben mehr als ein Jahr lang ihre Zeit, Kraft und ihr Geld für die Jünger eingesetzt. Sie haben ihre Treue *bewiesen*.

Haben die Jünger schon vergessen, wie Jesus sich Frauen gegenüber verhalten hat? Daß er sie versteht und respektiert? Und daß er Männer und Frauen für gleichwertig hält?

Einbildung! Verwirrung! Unsinn! Erfindung der Frauen! Mit dem jüdischen Vorurteil Frauen gegenüber behaftet, halten die Jünger die Frauen nicht für fähig, Augenzeuginnen zu sein. Sie schätzen sich selbst viel höher ein. Ihre Denkweise basiert hier nicht auf Charakter oder Glauben — die Erfahrungen der vergangenen Tage lassen dafür ganz bestimmt keinen Raum —, sondern angeblich auf biologischen Unterschieden: Sie sind eben Männer.

Oder spielen hier vielleicht andere Gründe eine Rolle? Sind diese Jünger, die sich um Rang und Stellung streiten, vielleicht eifersüchtig? Fällt es ihnen etwa schwer zu akzeptieren, daß den Frauen ein solches Vorrecht zuteil geworden ist, und sie übergangen worden sind? Jede Frau kann verstehen, wie schmerzlich diese Erfahrung für Maria Magdalena und die anderen Frauen gewesen sein muß. Es fällt auf, daß die Bibelkommentatoren — in der Regel Männer — diese Tatsache vollkommen übersehen. Rückblickend ist diese Begebenheit den Männern hier sicher peinlicher als den Frauen; sie werden dadurch mit ihrem negativen Denken konfrontiert.

Nach Jesu Auferstehung wirft dieser Zwischenfall einen Schatten auf ihr erstes Treffen mit ihm. Der Herr wirft seinen Jüngern vor, daß sie so wenig Glauben haben und sich so standhaft geweigert haben, den Worten der Frauen Glauben zu schenken.[8]

Petrus und Johannes haben sich inzwischen davon überzeugt, daß das Grab tatsächlich leer ist. Doch sie treffen keine Engel an. Der auferstandene Herr offenbart sich ihnen auch nicht. Dieses Privileg hat er Maria Magdalena vorbehalten, in der Tat eine atemberaubende Erfahrung.

Wieder erhält Maria eine Botschaft an die Jünger, aber diesmal von Jesus selbst. Die Botschaft betrifft seine bevorstehende Himmelfahrt.

[8] Markus 16,14

148

Trotz der Tatsache, daß man Maria Magdalena wieder mit Skepsis begegnen könnte, betraut der Herr sie mit dieser Mission. Eine Frau wird auserwählt, als erste eine Botschaft des Auferstandenen weiterzugeben. Dieses Vorrecht bekommt Maria Magdalena, die mit Jesus durch Dick und Dünn gegangen ist und dadurch bewiesen hat, wie groß ihre Liebe für Jesus ist. In Jesu Augen ist Maria Magdalena eine fähige Augenzeugin, obwohl das jüdische Gesetz zwei oder drei Zeugen vorschreibt.[9]

Für Jesus spielt es keine Rolle, daß sie eine Frau ist. Und auch ihre Vergangenheit ist für ihn unwichtig. Durch ihre Hingabe an ihn nach ihrer Heilung ist Maria Magdalena zu einer intellektuell und emotional ausgeglichenen Frau geworden, die sich Problemen stellen kann, vor denen andere davonlaufen. Jesus erkennt die Sehnsucht, die sie mit anderen Frauen gemein hat: ernstgenommen zu werden und Verantwortung zu tragen. Und das schätzt er.

Als der Herr sich von seiner Mutter Maria verabschiedet, befiehlt er sie der Fürsorge des Johannes an.[10] Aber niemand wird gebeten, für Maria Magdalena zu sorgen. Vielmehr ist sie mit einem wichtigen Auftrag betraut worden: »Geh hin und sage!« Jesus nimmt Maria Magdalena sehr ernst.

Durch sie spricht Jesus zu uns allen. Kein Mann sollte vergessen, und jede Frau sollte sich immer wieder bewußt machen, daß Jesus den Frauen ih-

[9] 5. Mose 19,15; Johannes 8,26-27
[10] Johannes 19,26-27

ren rechtmäßigen Platz wiedergegeben hat, den Platz, den Gott für die Frau von Anfang an vorgesehen hat.

Fragen zum persönlichen Studium oder in einer Gruppe

1. Maria Magdalena war die erste Person, die dem auferstandenen Herrn begegnet ist und von ihm eine Botschaft an die Jünger erhielt. Welchen Auftrag gab der Herr später seinen Jüngern (Matthäus 28,19-20; Markus 16,15; Apostelgeschichte 11,8)?

2. Warum ist es notwendig, das Evangelium durch einen Boten zu verbreiten (Römer 10,14-17)?

3. Was ist nach Paulus das Wesentliche am Evangelium (1. Korinther 15,1-4)?

4. Maria Magdalena ist nicht die einzige Frau in der Geschichte, die Gott mit einem Auftrag betraute. Welche Aufgabe hatten Miriam (2. Mose 15,20-21; Micha 6,4), Debora (Richter 4 und 5) und Hulda (2. Chronik 34,22-28)?

5. Was haben Maria Magdalena und die anderen Frauen, die in diesem Kapitel erwähnt werden, Ihnen zu sagen?

6. Welchen Auftrag haben Frauen Ihrer Meinung nach in unserer heutigen Zeit, und welche Rolle spielen Sie dabei?

ANHANG

Vorschläge für die Diskussion in Gruppen

Viele Leute haben herausgefunden, daß die Beschäftigung mit Personen aus der Bibel für ihr persönliches Bibelstudium sehr hilfreich ist. Bereichernd ist auch der Austausch über das Ausgearbeitete in einer Gruppe. Denjenigen, die diese ausgezeichnete Sitte weiterführen wollen und denjenigen, die sie ausprobieren wollen, können die folgenden Vorschläge vielleicht weiterhelfen.

VORBEREITUNG FÜR EINE DISKUSSIONSGRUPPE

1. Laden Sie Personen ein, die etwa dasselbe Alter und dieselben Interessen haben. Das erleichtert die Kommunikation und das gegenseitige Verständnis.

2. Ideal ist eine kleine Gruppe von etwa sechs Personen. Wenn mehr als zehn Leute teilnehmen wollen, bilden Sie eine zweite Gruppe. Auf diese Weise ist die Runde groß genug, daß eine fruchtbare Diskussion stattfinden kann, und klein genug, so daß jeder, der etwas sagen möchte, auch zu Wort kommt.

3. Besprechen Sie im Vorfeld, wie oft Sie sich treffen möchten. Planen Sie für den Anfang vielleicht vier

bis sechs Sitzungen. Da jedes Kapitel dieses Buches eine selbständige Studieneinheit ist, können Sie sich die Kapitel heraussuchen, die Sie am meisten interessieren. Nachdem Sie sich einige Male getroffen haben, können Sie entscheiden, ob und wie lang Sie weitermachen wollen.

4. Bitten Sie jeden Teilnehmer, sich ein Exemplar dieses Buches zu kaufen, damit er das Kapitel, über das gesprochen werden soll, vorbereiten und die Fragen zu Hause beantworten kann. Auf diese Weise wird in der Diskussion wirklich das ausgetauscht, was jeder Teilnehmer zu Hause persönlich erarbeitet hat.

5. Ermutigen Sie alle Gruppenteilnehmer, möglichst an jeder Sitzung teilzunehmen.

6. Treffen Sie sich in einer angenehmen Umgebung. Der Raum sollte gut belüftet und die Raumtemperatur angenehm sein. Wenn es zu warm oder zu kühl ist, fühlen die Leute sich unwohl. Achten Sie auch darauf, daß niemand von grellem Licht geblendet wird. Der Erfolg einer Diskussion hängt oft von solchen Äußerlichkeiten ab.

7. Planen Sie im voraus die Sitzordnung. Am besten ist es vielleicht, sich in einem Kreis zusammenzusetzen. Bereiten Sie alles sorgfältig vor, damit Sie rechtzeitig beginnen und schließen können.

PERSÖNLICHE VORBEREITUNG
DES GRUPPENLEITERS

1. Beten Sie für sich und für jedes Mitglied der Gruppe. Beten Sie dafür, daß Gott durch sein Wort zu jedem Anwesenden spricht. Bitten Sie den Heiligen Geist, Sie sensibel für die Nöte der Personen in Ihrer Gruppe zu machen.

2. Betrachten Sie sich selbst als Gruppenmitglied, dessen Aufgabe es ist, darauf zu achten, daß alle Punkte angesprochen werden und daß die Diskussion angenehm verläuft.

3. Nehmen Sie sich genügend Zeit für die Vorbereitung. Da die Fragen am Ende eines jeden Kapitels schon vorgegeben sind, sollte es Ihnen nicht schwerfallen, eine Diskussion in Gang zu halten.

4. Überlegen Sie bei der Vorbereitung, auf welche Aspekte Sie besonders eingehen wollen. Legen Sie diese der Gruppe in Form von Fragen vor, die das Denken anregen und anhand der Bibel beantwortet werden können. Die Fragen sollten einen Bezug zum täglichen Leben haben. Vermeiden Sie Fragen, die mit ja oder nein beantwortet werden können. Gute Fragen beginnen oft mit wer, was, wo, warum und wie.

5. Fassen Sie jede beantwortete Frage kurz zusammen oder bitten Sie jemanden aus der Gruppe, dies zu tun, bevor Sie sich der nächsten Frage zuwenden.

6. Die Gruppenmitglieder können sich in der Diskussionsleitung abwechseln; allerdings ist es wichtig, daß eine Person mehrere Male hintereinander die Leitung hat, damit sie Übung darin bekommt.

WÄHREND DER DISKUSSION

1. Achten Sie auf eine entspannte Atmosphäre, in der die Gruppenmitglieder sich kennenlernen können.

2. Gehen Sie auf jede Frage ein. Bei einigen ist nur eine kurze Antwort erforderlich, mit anderen muß man sich längere Zeit beschäftigen.

3. Halten Sie alle Fragen allgemein. Wenn Sie jemandem aus einem besonderen Grund eine bestimmte Frage stellen, bitten Sie den Betreffenden vorher um Erlaubnis.

4. Achten Sie darauf, daß die Gruppenmitglieder genügend Zeit haben, die Fragen zu beantworten. Haben Sie keine Angst, wenn es einmal still wird. Wenn nötig wiederholen Sie die Frage.

5. Die ideale Diskussion findet
so statt: nicht so:

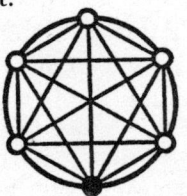   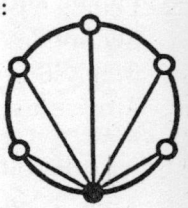

6. Helfen Sie schüchternen Gruppenmitgliedern, sich an der Diskussion zu beteiligen. Lassen Sie sie zum Beispiel eine Frage oder einen Bibelvers laut vorlesen. Lebhafte Gruppenmitglieder müssen manchmal gebremst werden, da sie sonst in der Diskussion zu sehr dominieren.

7. Signalisieren Sie jedem Gruppenmitglied, daß es einen wertvollen Beitrag geleistet hat, ob das nun stimmt oder nicht. Ist die Antwort falsch, fragen Sie: »Was meinen die anderen?«

8. Wenn von einem Gruppenmitglied eine Frage gestellt wird, lassen Sie erst andere aus der Gruppe versuchen, diese Frage zu beantworten. Der Diskussionsleiter sollte in der Gruppe nicht dominieren!

9. Falls gewünscht wird, können Sie eine bestimmte Zeit für das Gebet ansetzen. Dies sollte aber taktvoll angeboten werden. Wenn einer aus der Gruppe das lieber nicht möchte, dann beten Sie als Gruppe erst, wenn es von allen gewünscht wird.

10. Behalten Sie im Blick, daß Leben verändert werden sollen. Ihr Ziel ist nicht nur, Wissen zu vergrößern, sondern Gottes Wort im täglichen Leben Anwendung finden zu lassen.

MÖGLICHER ZEITLICHER ABLAUF
EINER DISKUSSIONSGRUPPE

1. Erstes Treffen:

eine Viertelstunde	Eintreffen, Erfrischungen
eine Stunde	gegenseitiges Bekanntmachen
anderthalb Stunden	Planen, wie verfahren werden soll

2. Die folgenden Treffen:

fünfzehn Minuten	Eintreffen, Erfrischungen
zehn Minuten	Rückblick
eine Stunde	Diskussion
zwanzig Minuten	Schlußbemerkung, Festlegen des nächsten Treffens, mögliches Gebet in der Gruppe

Bibliographie

Barclay, William, *Auslegung des Neuen Testaments, Neu-kirchen-Vluyn,* 1991.

Bavinck, J. und Edelkoort, A. H., *Bijbel met verklarende kanttekeningen,* Baarn, Bosch & Keuning N.V., 1954.

Belben, Howard, *The Mission of Jesus,* Colorado Springs, NavPress, 1985.

Brooks, Pat, *Daughters of The King,* Carol Stream, Illinois, Creation House, 1975.

Dayan, Ruth und Helga Dudman, *Or Did I dream a Dream,* London, Weidenfeld und Nicolson, 1973

Halley, Henry H., *Halley's Bible Handbook,* Grand Rapids, Zondervan, 1962.

Hendricks, Jeanne, *A Woman for All Seasons,* Nashville, Tennessee, Thomas Nelson Inc., 1977.

Henry, Matthew, *Verklaring van het Nieuwe Testament,* Kampen, J. H. Kok, 1910.

Herr, Ethel L., *Chosen Women of the Bible,* Chicago, Moody Press, 1976.

Jager, Okke, *Opklaring,* Ede, Zomer & Keuning, 1981.

Jepsen, Dee, *Woman: Beyond Equal Rights,* Waco, Texas, Word Books, 1984, S. 48-49

Karssen, Gien, *Frauen der Bibel,* Neuhausen/Stuttgart, 1991.

Karssen, Gien, *Frau, Mensch und Mutter in der Bibel,* Neuhausen/Stuttgart, 1988.

Karssen, Gien, *Squint-eyed Little Angel,* Amsterdam, Niederlande, Ploegsma, S. 40

Ketter, Peter, *Christus en de vrouwen,* Hilversum, N.V. Paul Brand's Uitg. Bedrijf, 1937.

Kuyper, A., *Vrouwen uit de Heilige Schrift*, Kampen, J. H. Kok N.V. Lockyer, Herbert, All the Apostles of the Bible, London, Pickering & Inglis Ltd., 1975.

Lockyer, *The Women of the Bible*, 1969.

Lockyer, *Wat Jezus leerde over ... vrouwen. ...* Hoornaar, Gideon, 1976.

Modersohn, Ernst, *Die Frauen des Neues Testaments*, Neuhausen/Stuttgart, 1972.

Moor-Rignalda, A. M. de, *Vrouwen als u en ik*, Kampen, J. H. Kok N.V.

Morton, H. V., *Women of the Bible*, London, Methuen & Co. Ltd., 1941.

Muggeridge, Malcolm, *Jesus*, Ambobooks, Baarn, 1976, S. 97.

Nagy, Akos, *Siehe, ich bin des Herrn Magd*, Uhldingen/Seewis, Stephanus Edition, 1979.

National Geographic Society, Life in Bible Times, Washington D.C., 1968.

Ockenga, Harold J., *Women Who Made Bible History*, Grand Rapids, Zondervan, 1976.

Pape, Dorothy, *Wir Frauen und Gott*, Marburg, 1986.

Price, Eugenia, *God Speaks to Women Today*, Grand Rapids, Zondervan, 1964.

Price, *The Unique World of Women*, 1970.

Sayers, Dorothy L., *Are Women Human?*, Grand Rapids, Wm. B. Eerdmans, 1974.

Tenney, Merrill C., Ed., *The Pictorial Encyclopedia of the Bible*, Grand Rapids, Zondervan, 1975.

Tournier, Paul, *The Gift of Feeling*, London, SCM Press Ltd., 1982.

Vander Velde, Frances, *She Shall Be Called Woman*, Grand Rapids, Kregel Publications, 1977.

Wahlberg, Rachel Conrad, *Jesus According to a Woman*, Paulist Press, New York, 1975.
Whyte, Alexander, *Bible Characters*, London, Oliphants Ltd., 1967.

hänssler

Gien Karssen

Frauen der Bibel

Pb., 240 S.,
Nr. 71.253, ISBN 3-7751-0986-2

Gien Karssen stellt in diesem Buch 25 Frauengestalten der
Bibel vor. Ihre Aussagen über die biblischen Frauen, die
trotz manchmal schwerer Leiden an ihrem Glauben fest-
hielten, sind eine praktische Lebenshilfe für Frauen und
Männer, die auch heute noch auf Gottes Wort hören und im
Glauben leben wollen.
Das Arbeitsbuch eignet sich für das persönliche Bibelstudium und für Bibelkreise. Zu jedem Kapitel gehören wei-
terführende Fragen, die das Gruppengespräch fördern.

Gien Karssen

Die ideale Frau

Tb., 128 S.,
Nr. 70.589, ISBN 3-7751-1532-3

Familiäres Glück, Erfolg im Beruf und Ansehen im sozialen
Umfeld — ist das alles zusammen für eine Frau erreichbar?
Gien Karssen stellt die »tüchtige Frau« aus dem Buch der
Sprüche vor. An ihrem Beispiel zeigt sie Wege auf, die zu
persönlichem und beruflichem Glück führen.

Bitte fragen Sie in Ihrer Buchhandlung nach diesen Büchern!
Oder schreiben Sie an den Hänssler-Verlag, Postfach 12 20,
D-73762 Neuhausen.